中华文化促进会主持编纂

四书五经语录

200条

修订本

人民出版社

目录

诵读目录

[请在标注页面扫描本段落诵读音频二维码]

"四书"语录

"五经"语录

序

○高占祥

2009年春，时任中央政治局常委、中央党校校长的习近平同志，曾经专门讲到领导干部读书问题，其中特别强调了中华文化典籍的阅读。他认为"读书、修身、立德不仅是立身之本，更是从政之基"。那年3月，近平同志在和我的一次谈话中也特别说到这一看法，并希望中华文化促进会能编选一些好的读本。

而今，《四书五经语录》能在党的十八大胜利召开之后问世，实在是让人高兴！

众所周知，儒家学说作为中华文化的主流思想，历来重视人格修养，包括政治伦理中的道德修养。而"四书""五经"则是体现上述思想的经典著作。其中所记述的以孔子、孟子为代表的古代思想家们对于人生与社会的思索，至今仍然闪烁着跨越时空的永恒的光芒！

这本"语录"，以"四书"（《论语》《孟子》《大学》《中庸》）、"五经"（《易》《书》《诗》《礼》《春秋》）为原本，以提升广大读者特别是领导干部的文化道德修养为目标，编选了"'四书'语录"和"'五经'语录"各一百条，各条并做简明注释和"提要"。而以"语录"方式刊行，一方面是为了适应当今广大读者特别是领导干部阅读时间"碎片化"的特点，便于读者习记；另一方面，"语录体"也是编纂书籍的一种中国特色，如《论语》以及宋代朱熹的《朱子语类》、明代王阳明的《传习录》，均是言简意赅、哲思隽永的言谈口语，向为历代读者所注重。当然，如果因为阅读这本"语录"而引发同志们研读中华文化典籍的兴趣，那就更让人感到欣慰！

感谢王石、张圣洁以及各位同人的努力，感谢人民出版社的良好合作，更感谢钱逊、刘景禄等专家学者以及滦南、南通、西安、杭州四地同志在本书试读、征集意见过程中所给予的热情支持。

是为序。

[作者为中华文化促进会名誉主席，第八、九、十届全国政协常委，原文化部常务副部长，中国文联原党组书记]

"四书"语录

[100条]

"四书"简介

"四书",指《论语》、《孟子》、《大学》和《中庸》。

《论语》是孔子及其部分弟子言行的汇编,由孔子弟子及再传弟子辑录整理。全书二十篇,五百一十二章,是研究孔子及儒家思想的主要资料。《论语》的哲思博大精深,大至治国,小至日常起居,无不蕴含着精警的启迪,反映了孔子在社会政治、哲学、伦理、教育诸多方面的真知灼见。其人文思想的光华,烛照千古,成为中华民族传统文化的重要标志。自西汉以来,《论语》一书就被那些追求理想人格,并以"修(身)齐(家)治(国)平(天下)"为人生最高目标的读书人奉为经典和行为准则。《论语》的思想,对于我们在今天这个伟大时代实施依法治国、以德治国、建立和谐社会，仍具有积极的意义。

《孟子》是记述儒家重要代表人物孟轲言行的著作，共七篇，二百六十章。《孟子》继承了《论语》中孔子关于"仁"的道德修养的论述，并发展为服务于政治统治的"仁政"学说。他认为"民为贵，社稷次之，君为轻"，人性本善，主张"以不忍人之心（怜悯之心），行不忍人之政（怜悯体恤百姓的政治）"。孟轲的地位在宋代以前并不很高。自韩愈的《原道》将孟子列为先秦儒家中唯一继承孔子"道统"的人物开始，孟子的地位才逐渐提升。《孟子》在宋代被奉为"经"，其人在元代被奉为"亚圣"，配享孔庙，地位仅次于孔子，其思想与孔子思想合称"孔孟之道"。到了明代，《孟子》"民贵君轻"的观点惹恼了当朝皇帝朱元璋，他下令将孟子的牌位逐出孔庙，并大肆删削《孟子》的有关章节。朱元璋的做法，从反面说明了孟子民本思想的价值。

《大学》和《中庸》原为《礼记》中的两篇，其作者迄无定论。最初是北宋理学家程颢、程颐兄弟把它们从《礼记》中抽出，加以改编，使之独立成篇；南宋理学家朱熹又进行加工，作成章句，并把它们与《论语》《孟子》合编为《四书章句集注》（简称《四书集注》）。从此，这两篇进入儒家经典行列。

对《大学》一篇，朱熹做了重新编排整理，并补上"传（zhuàn赚，解释经文的著作）"中所缺"格物致知"一章，分成"经"一章，"传"十章。朱熹说："经一章盖孔子之言，而曾子述之；其传十章，则曾子之意而门人记之也。"他认为，"大学"不同于"详训诂，明句读（dòu豆）"，讲"洒扫、应对、进退"的"小学"，而是讲"穷理正心，修礼治人"、治国安邦的"大人之学"。《大学》里面寄托了古人"内圣外王"的理想。

对《中庸》一篇，二程认为它是"孔门传授心法"的要籍，其理论性、思辨性高于其他三者。孔子之孙"子思恐其久而差也，故笔之于书，以授孟子"。《中庸》重点发挥孔子"过犹不及"的思想，要求人们追求"和而不流""中立不倚"的境界，力图使社会秩序恒常不变。"诚"是《中庸》的核心观念。"诚"在孔子的学说中，是人的一种品质，而《中庸》认为，"诚者，天之道也"，"真实无妄"是宇宙的最真实的存在，"诚"已经成为重要的哲学概念了。

凝聚着先贤非凡智慧的"四书"，不单是富含微言大义，也是古代士子们学习传统文化的入门书。《朱子语类》说："四书"是"'六经'之阶梯"。到了元皇庆二年（1313年），这四部书对于安邦定国、选拔人才的重要性被进一步发现与重视，朝廷直接把它们定为考试科目，即考试必须在"四书"内出题，发挥题意则须以朱熹的《四书集注》为根据。不过，历史的天空变幻不定，近一个世纪以来，以"四书""五经"为主干的传统文化屡遭冷落，逐渐远离了大众的视野。但是，数千年来血脉不断，那些传统文化中修身处事的铮铮箴言，早已深入到中华民族的骨髓和血液之中。

　　今天，我们本着与时俱进的原则，编选出这本语录，为的是让广大读者特别是各级领导干部在对传统文化"管窥蠡测"的同时，再次咀嚼其中的微言大义，以收经世致用之效。

《论语》50 条

◎第1条《论（lún仑）语·学而第一》

子①曰："学而时②习③之，不亦说乎④？有朋⑤自远方来，不亦乐乎？人不知而不愠⑥，不亦君子⑦乎？"

【注释】

①〔子〕古代对有地位、有学识、有道德修养的男子的尊称。《论语》中单提"子"字，一般指孔子。

②〔时〕以时，即在一定的或适当的时候。

③〔习〕一般解释为温习，但孔子教授的课业有些带有实践性，如礼、乐、射、御，所以此处的"习"也有实习、演习、练习等含义。

④〔不亦说（yuè月）乎〕不是很让人高兴的事吗？不亦……乎，相当于"不也……吗""不是……吗"，表示委婉的反问语气。说：通"悦"，愉快，高兴。

⑤〔有朋〕旧注说，"同门曰朋"，即同学于一位老师门下称朋。后泛指志同道合的人或宾朋。

⑥〔人不知而不愠（yùn运）〕别人不了解自己，也不气恼、怨恨。知：了解。愠：恼怒，怨恨。

⑦〔君子〕西周、春秋时对贵族的通称，春秋末年后逐渐成为有德者的称谓。

【提要】

这是《论语》开篇的第一章。开门见山便提"学"和"习"二字，是因为两者"乃入门之道，积德之基"（朱熹语），是达到"仁"的境界的先决条件。因此，"学"且"习之"自然成为一件让人高兴的事。同时，敞开大门，喜迎远方乃至异域的宾朋，切磋砥（dǐ抵）砺，畅叙友谊，表现出一种博大的胸怀和开放的心态。

◎第2条《论语·学而第一》

有子①曰："其为人也孝弟②而好犯上者，鲜③矣；不好犯上而好作乱者，未之有④也。君子务本⑤，本立而道⑥生。孝弟也者，其为仁之本与⑦！"

【注释】

①〔有子〕姓有，名若，字子有，鲁国人。孔子晚年最得意的弟子之一。

②〔孝弟（tì替）〕孝：尽力奉养并顺从父母。弟：通"悌（tì替）"，敬爱兄长。

③〔鲜（xiǎn显）〕少。

④〔未之有也〕"未有之也"的倒装句，意为"没有

这种情况"。之：代词，指"不好犯上而好作乱者"。

⑤〔务本〕致力于根本。务：致力于。本：立身行事的根本。

⑥〔道〕在古人的思想体系中，"道"有很宽泛的含义。这里应指社会的道德规范、做人的基本准则。

⑦〔其为仁之本与（yú于）〕（孝悌）也许就是实践仁德的开始吧！其：表示推测之词，也许，大概。为仁：行仁，实践仁德。仁，古代儒家的一种含义极广的道德范畴，其核心是"爱人"。与：通"欤（yú于）"，语气助词。这里表示揣测语气。《四书集注》引程子对这句话的阐释说："谓行仁自孝弟始，孝弟是仁之一事。"

【提要】

有若提出，君子要在为人处（chǔ楚）世的根本上狠下功夫，抓住了这个根本，立身行事的原则也就有了。而孝悌就是实践仁德的开始。

◎第3条《论语·学而第一》

曾子①曰："吾日三省吾身②：为③人谋而不忠乎？与朋友交而不信乎？传④不习乎？"

【注释】

①〔曾（zēng增）子〕姓曾，名参（shēn深），字子舆（yú于），鲁国人。孔子的弟子，是孔子思想的主要传承人之一。

②〔吾（wú无）日三省（xǐng醒）吾身〕我每天多次反省检查自己。省：检查，反省。"三省"还有两种解释：一是从三个方面检查反省，二是三次检查反省。一般认为"三"为古文中常见的虚数表示法，表示多次。

③〔为（wèi未）〕替。

④〔传（chuán船）〕传授。这里用作名词，指老师传授的知识和技能。孔子以"六艺（礼、乐、射、御、书、数）"教授学生。

【提要】

孔子把当政者或管理层要求的下对上要讲"忠、信"，拓展为人与人之间要讲诚信，从而使"信"与孝悌一样，也成为实践仁德的一个重要的道德规范。

◎第4条《论语·学而第一》

子曰："道①千乘之国②，敬事③而信，节用④而爱人⑤，使民⑥以时。"

【注释】

①〔道（dǎo 蹈）〕通"导（繁体为'導'）"，治理，管理。

②〔千乘（shèng 剩）之国〕拥有一千辆兵车的诸侯国。乘：古时由四匹马拉着的一辆车叫一乘。古代的兵车，一乘有甲士三人、步卒七十二人、后勤人员二十五人，实际兵力为一百人。当时根据拥有兵车的多少来衡量一个诸侯国的强弱大小。诸侯国地盘方圆百里，有兵车千辆，称"千乘之国"。

③〔敬事〕严肃认真地对待工作。敬：严肃，慎重。

④〔用〕资财。

⑤〔人〕指各级官吏。

⑥〔民〕民众，百姓。

【提要】

严肃认真地对待工作，讲究信用；节约资财，并且爱护各级官吏；根据农时役使百姓：这是孔子为政治国思想的总纲，也是他对贤人政治的描绘。

◎第5条《论语·学而第一》

子曰："弟子入①则孝，出则弟②，谨③而信，泛爱众而亲仁④。行有余力，则以学文⑤。"

【注释】

①〔入〕古代父子分别居处（chǔ 楚），"入"指进到父母住处，即在家的意思。

②〔弟〕通"悌"，见第2条注②。

③〔谨〕慎重小心，也表示郑重和恭敬。

④〔亲仁〕亲近有仁德的人。

⑤〔行有余力，则以学文〕厉行道德修养之外还有精力的话，就用来学习文献典籍、研究学问。文：文献典籍。

【提要】

孔子认为，作为弟子，修身先于、重于学文。孝悌谨信、博爱大众、亲近仁人等方面的道德修养应摆在首要的位置上。

◎第6条《论语·学而第一》

有子曰："礼①之用，和②为贵。"

【注释】

①〔礼〕泛指奴隶社会贵族等级制的典章制度和道德规范。

②〔和〕恰当，适中，和谐。

【提要】

礼的运用以达致和谐为贵。孔子主张，在礼的规范和调节下，在人际乃至国际之间，处（chǔ 楚）理事务应适当、适中、不偏不倚，以达到和谐相处（chǔ 楚）的目的。所以，它还是一种关乎大局的思维模式。

◎第7条《论语·学而第一》

子曰：“君子食无求饱，居无求安①，敏于事②而慎于言，就有道而正焉③，可谓好学也已。”

【注释】

①〔食无求饱，居无求安〕饮食不追求过分饱足，居住不追求过分安逸。饱：饱足。安：安逸。

②〔敏于事〕做事勤奋努力。敏：勤勉，勤奋努力。于：在……方面。

③〔就有道而正焉〕向道德高尚的人看齐，纠正自己的错误。就：靠近，凑近。有道：指注意思想修养而道德高尚的人。正：纠正，匡（kuāng 筐）正。

所谓好学，绝不单纯指喜好读书。在物质生活上坚持低标准，在做人做事上坚持高标准，勤勉谨慎，见贤思齐，同样是好学，同样会促使精神生命的升华。

◎第8条 《论语·学而第一》

子曰："不患①人之不己知②，患不知人也。"

【注释】

①〔患〕忧虑，担忧。

②〔不己知〕"不知己"的倒装形式。

【提要】

别人不了解自己无须担忧，而"不知人"才真的值得担忧。对于当政者或管理层来说，"不知人"则会忠奸不辨，贤愚不分，贻误大事。

◎第9条 《论语·为政第二》

子曰："为政以德①，譬如北辰②居其所而众星共③之。"

【注释】

①〔为政以德〕即"以德为政"，依靠道德教化来治理国家。以：用，凭借，依靠。

②〔北辰〕即北极星。

③〔共（gǒng 巩）〕"拱"的本字，环抱，环绕。

【提要】

孔子认为，以德治国的领导者，一定会受到人民的拥戴，这就像北极星处（chǔ 楚）在它自己的位置上，而群星环绕在它的周围一样。

◎第10条《论语·为政第二》

子曰："道之以政①，齐之以刑②，民免而无耻③；道之以德，齐之以礼，有耻且格④。"

【注释】

①〔道（dǎo 蹈）之以政〕即"以政道（导）之"。用法制政令来管理百姓。道：通"导"。

②〔齐之以刑〕即"以刑齐之"。用刑律来约束他们。齐：使一致，使整齐。

③〔民免而无耻〕只能使百姓免于犯罪而不认为犯罪

是可耻的。免：先秦古书中单用"免"字，应为免罪、免刑、免灾、免祸等意思。

④〔有耻且格〕有知耻之心，而且人心归服。格：归服。一说，"格，至也，至于善也"；一说，"格，正也，《书》曰：'格其非心。'"

【提要】

用道德教化和礼义来引导、约束民众，民众才会有羞恶（wù务）之心，自觉地奉公守法。

◎第11条《论语·为政第二》

子曰："吾十有①五而志于学②，三十而立③，四十而不惑④，五十而知天命⑤，六十而耳顺⑥，七十而从心所欲，不逾矩⑦。"

【注释】

①〔有（yòu幼）〕通"又"，表示整数之外再加上零数。在古文中用于整数和比它小一位的数字之间。

②〔志于学〕立志于做学问。

③〔立〕自立。

④〔不惑〕指对立身处（chǔ楚）世的原则心中有数，不再疑惑。

⑤〔天命〕上天的旨意。应指人世间事物的发展规律。

⑥〔耳顺〕能透彻地理解所听到的各种话（真话、假话，好话、坏话）。一说，能够听得进不同的意见。

⑦〔逾矩（yú jǔ 于举）〕超越法度。逾：超越，越过。矩：规矩（ju 居轻声），法度。

【提要】

孔子一生都在刻苦学习，探索事物的发展规律，认真实践，不断完善自己的人格。

◎第 12 条《论语·为政第二》

子贡问君子①，子曰："先行其言而后从之。"

【注释】

①〔子贡问君子〕子贡问怎样做才算得上一位君子。子贡：复姓端木，名赐，字子贡，卫国人。孔子的弟子。孔子对他的器重仅次于对颜回。

【提要】

先把要说的事做好，然后再说出来，这样先做后说，比"言必信，行必果"更能取信于人。

◎第13条 《论语·为政第二》

子曰："学而①不思则罔②，思而不学则殆③。"

【注释】

①〔而〕却。

②〔罔（wǎng 网）〕通"惘（wǎng 网）"，迷惑。

③〔殆（dài 带）〕疑惑。

【提要】

这是孔子关于学与思的辩证思维。学习是一个不断思考、认知的过程；思考是学习的深化，是认知的必由之路，是把书本读懂读活而使之为我所用的关键。只读不思，人云亦云，必"罔"无疑；当然，学是思的基础，只有不断地学得新知识、了解新思想，才能使思维更准确、更深刻、更富于创造性。

◎第14条 《论语·为政第二》

子曰："由①，诲女②知之乎！知之为知之，不知为不知，是知也③。"

【注释】

①〔由〕姓仲，名由，字子路，又叫季路，鲁国人。

孔子的弟子。为人坦诚直爽，有行政才干，是孔子最坚定的捍卫者。

②〔诲（huì 汇）女（rǔ 乳）〕诲：教导。女：通"汝"，你。

③〔是知（zhì 至）也〕这（种态度）是聪明的。是：指示代词，这，此。知：通"智"，聪明。

【提要】

孔子教育学生，学习必须持老老实实的态度，不可强（qiǎng 抢）不知以为知，自欺欺人。

◎第 15 条《论语·为政第二》

哀公①问曰："何为②则民服？"孔子对曰③："举直错诸枉④则民服，举枉错诸直则民不服。"

【注释】

①〔哀公〕春秋时鲁国的最后一位国君。姬姓，名蒋，"哀"是谥（shì 士）号〔古代帝王、贵族、大臣或其他有地位的人死后被加封的带有褒（bāo 包）贬意义的称号〕。

②〔何为（wéi 围）〕怎样做。

③〔对曰〕《论语》中记载对国君及在上位者问话的回答都用"对曰",以表示尊敬。

④〔举直错诸枉（wǎng 往）〕把正直的人提拔起来,安排在奸邪小人之上。错:通"措",放置,安排。诸:"之于"的合音。枉:弯曲或歪斜。这里借指心术不正的奸邪小人。

【提要】

在用人上,"举直错诸枉",任人唯贤,才能使下属和百姓心服口服。

◎第16条《论语·为政第二》

子曰:"人而无信,不知其可①也。"

【注释】

①〔不知其可〕不知道那怎么可以。

【提要】

诚信是一个人安身立命的根基。如果没有这个根基,人怎么能在社会上站得住脚、行得通、吃得开呢?

◎第17条 《论语·八佾（yì义）第三》

子入太庙^①，每事问。

【注释】

①〔太庙〕古代开国的君主叫太祖，供奉祭祀太祖的庙叫太庙。周公（姬姓，名旦，周文王的儿子，武王的弟弟，成王的叔叔）是鲁国最先受封的君主，所以供奉祭祀他的庙也叫太庙。

【提要】

人生在世，不懂的东西很多，正确的态度是"知之为知之，不知为不知"，是不耻下问、"学而不厌"。孔子本是礼学专家，但他初入太庙参加祭祀时，不懂就问，而且每事必问，足见其注重调查研究的求实作风和学而不厌的求知态度。

◎第18条 《论语·里仁第四》

子曰："富与贵，是人之所欲也，不以其道得之^①，不处^②也。"

【注释】

①〔不以其道得之〕不是通过正当的途径和方法去获得它（指"富与贵"）。

②〔处（chǔ 楚）〕这里是接受的意思。

【提要】

人人想望富有（发财）和显贵（升官），但必须取之有道。

◎第19条《论语·里仁第四》

子曰："见贤思齐①焉，见不贤而内自省②也。"

【注释】

①〔齐〕同样，一致。

②〔内自省（xǐng 醒）〕内心自我反省。

【提要】

这是"以人为镜"的道德修养模式。

◎第20条《论语·公冶长第五》

子谓子产①"有君子之道四焉②：其行己也恭，

其事上也敬，其养民也惠，其使民也义"。

【注释】

①〔子产〕复姓公孙，名侨，字子产，郑国贵族。春秋末期杰出的政治家，曾担任过郑国的正卿（相当于后世的宰相）。

②〔有君子之道四焉〕具有君子的四种道德品行。这里的"君子"当指掌握实权的臣属。

【提要】

要求自己谦逊谨慎，侍奉君主恭顺敬业，养育百姓注意给（jǐ己）予实惠，役使百姓合乎道义、时宜，这应该是执掌重权之臣必须具备的"官德"。

◎第21条《论语·公冶长第五》

子路①曰："愿闻子之志②。"
子曰："老者安之③，朋友信之④，少者怀之⑤。"

【注释】

①〔子路〕即孔子的弟子仲由。见第14条注①。

②〔愿闻子之志〕希望听听老师您的志向。

③〔老者安之〕（我愿）使老年人安乐。

④〔朋友信之〕使朋友之间互相信赖。

⑤〔少者怀之〕使年轻人得到关怀。

【提要】

这是孔子在和他的弟子颜回、仲由闲谈各自的志向时所说的一段话，是孔子执着于"仁"的理念和大同世界的具体体现。"要多谋民生之利，多解民生之忧"，"学有所教、劳有所得、病有所医、老有所养、住有所居"，不正是先哲所追求的理想境界吗？

◎第22条《论语·雍也第六》

子曰："贤哉，回也^①！一箪食^②，一瓢饮，在陋巷^③，人不堪^④其忧，回也不改其乐。贤哉，回也！"

【注释】

①〔贤哉，回也〕颜回真是贤良啊！回：姓颜，名回，字子渊，又称颜渊，鲁国人。聪颖好学，闻一知十，对孔子及其学说怀有深厚的崇爱之情，是孔子最得意的弟子。早逝。被后世尊为"复圣"。

②〔一箪（dān 丹）食〕一竹筒饭菜。箪：古代盛饭

用的小而圆的竹器。食：旧读sì（音四），食物，饭菜。

③〔陋巷〕简陋狭小的宅子。巷，宅屋（一般误为"巷子"）。

④〔堪〕忍受。

【提要】

有了崇高的志向、坚强的意志、充实的精神世界，才能安贫乐道。

◎第23条《论语·雍也第六》

夫^①仁者，己欲立而立人^②，己欲达^③而达人。

【注释】

①〔夫(fú 扶)〕句首语气词，没有实在意义。

②〔己欲立而立人〕自己想建功立业，也帮助别人建功立业。立人：使人立，使别人建功立业。

③〔达〕（事事）畅达。

【提要】

这句话道出了实现人与人之间和谐关系的一条重要原则，是孔子施行仁德的具体体现。

◎第24条《论语·述而第七》

子曰："默而识①之，学而不厌②，诲人不倦，何有于我哉③？"

【注释】

①〔识（zhì至）〕通"志"，记住。

②〔厌〕通"餍（yàn艳）"。本义是饱足，引申为满足。

③〔何有于我哉〕即"于我何有哉"，对我来说有什么困难呢？何有：即"有何"，有什么（困难）。一说，（这三条）我做到了哪些呢？

【提要】

这种治学和育人的态度，真实地记录了教育家孔子的为人，对后世影响深远。

◎第25条《论语·述而第七》

子曰："三人行，必有我师焉①。择其善者而从之②，其不善者而改之。"

【注释】

①〔必有我师焉〕其中必定有人可以做我的老师。

焉：于此，在这（三人）之中。

②〔从之〕跟他们学习（这些优点）。从：跟从。
之：指"其善者（他们的优点）"。

【提要】

老师就在身边，就在群众之中。要以人为镜，学其
所长，避其所短。

◎第26条 《论语·泰伯第八》

曾子曰："士不可以不弘毅①，任重而道远。
仁以为己任②，不亦重乎？死而后已③，不亦远乎？"

【注释】

①〔弘毅〕弘：宽广，宏大。毅：刚毅，坚强。

②〔仁以为己任〕即"以仁为己任"，把实现"仁"
看成自己的责任。

③〔已〕停止。引申为罢休。

【提要】

士人的心胸必须开阔，意志必须坚强，因为他们要
为实现儒家的理想境界——"仁"而奋斗终生，所担负
的责任实在重大，而且路途实在遥远。

◎第27条《论语·泰伯第八》

子曰:"如有周公之才之美①,使骄且吝②,其余不足观也已。"

【注释】

①〔美〕美好。一说指美貌。宋·邢昺(bǐng 丙)《论语正义》(又名《论语注疏》)曰:"周公,周公旦也。大圣之人也,才美兼备。"

②〔使骄且吝〕如果他骄傲自满而且吝啬。使:假设,假使,如果。

【提要】

"骄"是败事的前因,"吝"是贪渎(dú毒)的根源。一个人只要沾上了这两个字,那么,即使再有才能,也没有什么值得一看的地方了,因为衡量一个人的好坏,道德品质是居于首位的。

◎第28条《论语·子罕第九》

子绝四①:毋意②,毋必③,毋固,毋我。

【注释】

①〔子绝四〕孔子(在自身修养方面)戒绝四种毛

病。绝：戒绝，克服。

②〔毋（wú 无）意〕不要臆断。毋：不要。意：同"臆"，主观揣测，猜想。

③〔必〕绝对肯定。

【提要】

在自身修养方面，克服主观臆断、绝对肯定、固执己见和唯我独尊这四种毛病，才能完善道德，养成高尚的人格。

◎ 第29条 《论语·子罕第九》

子曰："三军①可夺②帅也，匹夫③不可夺志也。"

【注释】

①〔三军〕按周朝的军制，天子有六军，诸侯大国可有三军。一军为一万二千五百人。春秋时，大国多设三军，如晋国称中军、上军、下军，楚国称中军、左军、右军。

②〔夺〕使失去。

③〔匹夫〕古时指平民中的男子。

【提要】

以三军主帅可夺而匹夫之志不可夺，勉励世人确立理想，坚守信念，保持气节，坚定不移。

◎第30条 《论语·子罕第九》

子曰："岁寒①，然后知松柏之后凋②也。"

【注释】

①〔岁寒〕一年到了最寒冷的日子。

②〔凋〕凋谢。草木花叶脱落。

【提要】

"疾风知劲（jìng 敬）草。"只有在艰难困苦的环境中，才能看出一个人的意志品质。

◎第31条 《论语·颜渊第十二》

子曰："克己复礼为仁。一日①克己复礼，天下归仁②焉。"

子曰："非礼勿视，非礼勿听，非礼勿言，非礼勿动。"

【注释】

①〔一日〕一旦。

②〔天下归仁〕天下的人都会赞许你是仁人。归：意思同"与（yǔ 雨）"，即赞许、称赞。

【提要】

孔子要求人们克制一己的私欲，使"视听言动"都回复到周礼所规定的范围内。礼的内涵在现代社会中，可引申为人与人之间尊卑长幼的秩序和待人接物的规范与规定。

◎第32条 《论语·颜渊第十二》

司马牛①忧曰："人皆有兄弟，我独亡②。"子夏③曰："……君子敬而无失④，与人恭而有礼，四海之内皆兄弟也。"

【注释】

①〔司马牛〕复姓司马，名耕，一名犁，字子牛，宋国人。孔子的弟子。相传是宋国大夫桓魋（tuí 颓）的弟弟。

②〔我独亡（wú 吴）〕司马牛有兄弟四人。据《左传·哀公十四年》载，桓魋在宋国作乱，司马牛的几个兄弟参与其中，失败而死，桓魋逃亡。司马牛不赞成且未参与其兄弟的作乱，但也被迫逃亡到鲁国。司马牛名义上有兄弟，实际上等于没有，因此发出"我独亡"的忧叹。亡，通"无"。

③〔子夏〕姓卜，名商，字子夏，卫国人。孔子的弟子。以文学著称。精通"六经"，对《春秋》一书尤多创见，历史上称他为传经之儒。

④〔无失〕没有过失，不出差错。一说，通"毋佚（yì义）"，不轻忽放纵。无，通"毋"，不要；失，通"佚"，与"敬（严肃认真）"的意思相反，轻忽，放纵。

【提要】

子夏对发愁没有兄弟的司马牛说："只要你做事严肃认真而没有过失，对人恭敬，依礼而行，那么，天下到处都是你的兄弟。"

◎第33条《论语·颜渊第十二》

自古皆有死，民无信不立①。

【注释】

①〔民无信不立〕如果人民对当权者不再信任，那么国家就维持不住了。

【提要】

儒家认为，对于一个国家来说，取信于民比充足的粮食和军备还重要。

◎第34条《论语·颜渊第十二》《论语·子路第十三》

子张①问政。子曰："居之无倦，行之以忠②。"

子路问政。子曰："先之③，劳之④。"请益⑤。曰："无倦。"

【注释】

①〔子张〕复姓颛（zhuān 专）孙，名师，字子张，陈国人。孔子的弟子。孔子去世后，他在陈国聚徒设教，自成学派，被韩非列为儒家八派之首。

②〔居之无倦，行之以忠〕居官不可懈怠，执行政令要忠诚。

③〔先之〕先于下属和百姓，做在他们的前头，即率先垂范。

④〔劳之〕慰劳（鼓励）下属和百姓。劳：旧读为 lào（音涝），慰劳（鼓励）。一说，"劳之"指"使之劳"，也就是使下属和百姓勤劳地工作。

⑤〔请益〕请求多讲一些。益：增加。

【提要】

当政者或管理层人士必须勤勉而不懈怠，忠实地执行政令和规约，率先垂范，适时地对下属和百姓予以鼓励。

◎第35条《论语·颜渊第十二》《论语·子路第十三》《论语·子路第十三》

季康子①问政于孔子。孔子对曰:"政者,正也。子帅②以正,孰③敢不正?"

子曰:"其身正,不令而行④;其身不正,虽令不从⑤。"

子曰:"苟正其身矣,于从政乎何有⑥?不能正其身,如正人何⑦?"

【注释】

①〔季康子〕复姓季孙,名肥,"康"是谥号。春秋时鲁国大夫(fū 肤)。鲁哀公时担任正卿,是当时鲁国政治上最有权力的人。

②〔帅〕同"率",带头。

③〔孰(shú 熟)〕谁。

④〔不令而行〕即使不发号施令,百姓也会照着去做。

⑤〔从〕听从。

⑥〔于从政乎何有〕在治理政事时还能有什么困难呢?何有:有什么(困难)呢?

⑦〔如……何〕怎么能……呢。

【提要】

正人先正己，治民先治官。要求别人做到的，领导者或管理层首先要做到；要求别人不做的，领导者首先不去做。这样以身示范，做好榜样，何愁政风不正、下属和百姓不从？

◎第36条《论语·子路第十三》

仲弓为季氏宰①，问政。子曰："先有司②，赦小过，举贤才。"

【注释】

①〔仲弓为（wéi 唯）季氏宰〕冉雍担任季氏的总管。仲弓：姓冉，名雍，字仲弓，鲁国人。孔子的弟子。孔子把他列入德行科，并认为他凭才干可以主持一个国家的工作。宰：总管。

②〔先有司〕先于主管部门。古代设官分职，各有专司，故称主管部门为"有司"。司：主管。

【提要】

（凡事）给下属部门带头，宽恕他们小的过错，提拔德才兼备的下属，这是领导者或管理层调动下属工作积极性、保证令行禁止的重要措施。

◎第37条《论语·子路第十三》

子适卫①，冉有仆②。子曰："庶③矣哉！"冉有曰："既庶矣，又何加焉？"曰："富之。"曰："既富矣，又何加焉？"曰："教之。"

【注释】

①〔适卫〕到了卫国。适：到……去。

②〔冉有仆（pú菩）〕冉有为孔子驾车。冉有：名求，字子有，鲁国人。孔子的弟子。仆：驾车的人。这里指为……驾车。

③〔庶〕众多。这里指人口众多。

【提要】

孔子认为，一个地区或国家拥有众多的人口，经济繁荣了，生活富裕了，必须抓紧对百姓的教化。这种关乎民族素质提高和国家长治久安的富民教民政策，充分体现了儒家的治国方略。

◎第38条《论语·子路第十三》

子曰："无欲速①，无见小利。欲速则不达，见小利则大事不成。"

【注释】

①〔无欲速〕不要图快，即不要急于（在短时间内）很快做出政绩。

【提要】

子夏做了鲁国莒父（jǔ fǔ 举府）这座城邑的长官，他向老师请教如何施政，孔子回答了这两句话。从政是关乎国计民生的大事，不可急于建功邀名、贪小利而坏大局。

◎第39条《论语·子路第十三》

子曰：“君子和而不同①，小人同而不和。”

【注释】

①〔君子和而不同〕君子能与人和谐相处（chǔ 楚），却不肯盲目附和（别人的主张）。“和”与“同”是春秋时期常用的两个概念。和：和谐，调和，指以义相交，能提出自己的正确意见来纠正他人的错误意见，像烹饪时调和五味、弹琴时合谐八音那样，融合不同性质的各种因素，使持不同看法的人和谐相处。同：同一，指以私利相勾结，不分是非曲（qū 屈）直，盲目附和（hè 贺）甚至曲（qū 屈）意迎合（别人错误的主张）。

【提要】

以义相交，能提出自己的正确意见来纠正他人的错误意见，和谐相处却不丧失原则立场，是政治成熟、负责任的表现；而以私利相勾结，抛弃正义的原则，同流合污，最终分崩离析，则是卑劣小人的无耻行径。

◎第40条《论语·卫灵公第十五》

子曰："君子不以言举人①，不以人废言②。"

【注释】

①〔以言举人〕仅凭某人的言论而举荐提拔他。以：因，凭，依据。

②〔以人废言〕因为某人有缺点错误而拒不采纳他的正确言论、意见。

【提要】

"有言者不必有德"，所以举荐人才、提拔下属不能只听他怎么说，还要看他怎么做。"不以人废言"则不会堵塞（sè 色）言路。

◎第41条《论语·卫灵公第十五》

子贡问曰："有一言①而可以终身行之者乎？"
子曰："其'恕'乎②！己所不欲，勿施于人③。"

【注释】

①〔一言〕汉语的一个字叫一言。言：字。

②〔其"恕"乎〕也许就是"恕"吧！其：表示推测之词，也许，大概。恕：谓推己及人，以仁爱之心待人。一说，恕：宽容。

③〔己所不欲，勿施于人〕自己不愿意的事情，不要强加给别人。

【提要】

"恕道"是孔子将心比心处理人际关系的一生不变的准则。"己所不欲，勿施于人"这句话，国人无不熟悉，但很少有人知道它的世界影响。明末意大利传教士利玛窦把"四书""五经"翻译成拉丁文；法国启蒙运动领军人物伏尔泰看到这句话后，大为兴奋，把它称为"金律"，并作为自己的座右铭。后来这句话被写进法国大革命的《人权宣言》中。19世纪德国著名哲学家路德维希·费尔巴哈评价道："中国的圣人孔子说……'己所不欲，勿施于人'……在许多由人们思考出来的道德原理和训诫中，这个朴素的通俗的原理是最好的、最真实的，同时也是最明显，而且最有说服力的。因为这个原理诉诸人心，因为它使自己对于幸福的追求服从良心的指示"，是"健全的、纯朴的、正直的、诚实的道德，是渗透到血和肉中的人的道德，而不是幻想的、伪善的、道貌岸然的道德"。

◎第42条《论语·卫灵公第十五》

子曰："知及之①，仁不能守之，虽②得之，必失之。知及之，仁能守之，不庄以莅之③，则民不敬。知及之，仁能守之，庄以莅之，动之④不以礼，未善也。"

【注释】

①〔知（zhì至）及之〕依靠聪明才智得到它。知：通"智"，指聪明才智。及：本义为追上，这里是得到的意思。之：它，代指职位、政权等。

②〔虽〕即使，纵然。

③〔庄以莅（lì立）之〕即"以庄莅之"。用庄重严肃的态度对待自己得到的这个职位（掌握的这个政权）。莅：临，面对。这里指临民，即行使权力，治理百姓。

④〔动之〕动：行动。之：语气助词，没有实在意义。

【提要】

孔子认为，治理天下、巩固政权，不能单靠聪明才智，必须用仁德守住它、强化它，用庄重严肃的态度对待它，以求得百姓的尊敬和信服；在此基础上，再用礼来调和并完善施政的措施，才能收到理想的效果。

◎第43条《论语·季氏第十六》

丘也闻①有国有家者②，不患寡而患不均，不患贫而患不安③。盖均无贫，和无寡，安无倾④。

【注释】

①〔丘也闻〕我孔丘听说。丘：孔子名丘。这里是孔子自称。也：表示句中停顿的语气词，没有实在意义。

②〔有国有家者〕指诸侯和大夫。国：指周天子分封的诸侯国。家：古代大夫的家族，不是现代意义的家庭。

③〔"不患寡"二句〕据清代学者俞樾（yuè 月）考证（见于其所著《群经平议》），原文应是"不患贫而患不均，不患寡而患不安"（西汉·董仲舒《春秋繁露·度制》和《魏书·张普惠传》引用这两句话即如此），即不怕财富少，就怕分配不均匀，不怕百姓人口少，就怕社会不安定。

④〔盖均无贫，和无寡，安无倾〕因为财富分配均匀了，就无所谓贫穷；国内和家族内部和睦团结了，就不显得人少势弱；社会安定了，就没有倾覆的危险了。盖：推测原因之词。

【提要】

促进社会分配公平，缩小贫富差距，以求"上下相安"（朱熹语），社会也就稳定了。

◎第44条 《论语·季氏第十六》

孔子曰："益者三友，损者三友。友直，友谅①，友多闻，益矣；友便辟②，友善柔③，友便佞④，损矣。"

【注释】

①〔谅〕诚实。

②〔便辟（pián pì 胼譬）〕习惯于装腔作势摆样子，内心却邪恶不正。辟：通"僻"，邪僻。

③〔善柔〕假作和颜悦色，谄媚奉承。

④〔便佞（pián nìng 胼泞）〕善于花言巧语，取媚于人。

交友必先识友。孔子主张要交正直、诚信、见多识广的"益友"，不交"便辟""善柔""便佞"的"损友"。

◎第45条《论语·阳货第十七》

子张问仁于孔子①。孔子曰："能行②五者于天下，为仁矣。"

"请问之③。"曰："恭，宽，信，敏，惠④。恭则不侮，宽则得众，信则人任焉，敏则有功，惠则足以使人⑤。"

【注释】

①〔问仁于孔子〕向孔子请教怎么做才算仁。问：询问，请教。于：向。

②〔行〕实行，实践。

③〔请问之〕（子张说：）"请问是哪五项。"之：指上句所说的"五者"。

④〔惠〕慈惠；对下属和百姓施以恩惠。

⑤〔使人〕役使下属和百姓。使：差遣，支使，役使。人：指下属官吏及百姓。

【提要】

这是孔子从为官从政的角度对仁的解释。恭敬、宽厚、诚信、勤敏、慈惠是仁德的外在表现。态度恭敬就不会招致侮辱，宽厚待人就会赢得民众的拥护，诚信就能得到他人的任用，勤勉做事就会有所成就，对下属和百姓施以恩惠就能役使他们。总之，能够做到这五点，就一定会得到下属和百姓的拥戴。当然，这也应该是做人做事的基本要求。

◎第46条《论语·微子第十八》《论语·子张第十九》

周公谓鲁公①曰：“……故旧②无大故③则不弃也。无求备于一人。”

子夏曰：“大德不逾闲，小德出入可也④。”

【注释】

①〔鲁公〕指周公的儿子伯禽。因周公须留在朝廷辅佐成王，不能亲往封地，所以成王特命伯禽代替其父赴鲁国就封，称鲁公。

②〔故旧〕老臣旧属。

③〔大故〕重大事故。这里指造反、叛国等重大罪过。

④〔大德不逾（yú于）闲，小德出入可也〕人在大节上不能超越界限，在小节上有点儿出入是可以的。大德：即大节，指纲常伦理方面的节操。小德：指日常的生活小节。闲：木栏之类的遮挡物，引申为界限。

【提要】

《论语》选了周公和子夏的这两句话，体现了儒家的用人观。"金无足赤，人无完人。"不能指望一个人白璧无瑕（xiá 侠）。因此，对一个人不能求全责备，在大节不亏的前提下，可以宽恕他的小过。

◎第47条《论语·子张第十九》

子张曰："……君子尊贤而容众，嘉善而矜①不能。"

【注释】

①〔矜（jīn今）〕同情。

【提要】

有容乃大。尊重贤人，也包容普通的人；嘉勉能人，也同情没有什么才能的人：这是团结大多数人的要则。

◎第48条 《论语·子张第十九》

子夏曰："日知其所亡①，月无忘其所能②，可谓好学也已矣！"

【注释】

①〔日知其所亡（wú吴）〕每天都能学到自己所不懂的知识和不会的技能。亡：通"无"。

②〔所能〕已经掌握的知识和技能。

【提要】

日积月累，不断巩固学到的知识和技能，有这样的学习态度，才能不断充实自己。

◎第49条 《论语·子张第十九》

子贡曰："君子之过也，如日月之食焉①：过也，人皆见之；更②也，人皆仰③之。"

【注释】

①〔君子之过也，如日月之食焉〕君子的过错，就像日食和月食一样。焉：语气助词，这里表示肯定语气，同"也"。

②〔更〕更改，改正。

③〔仰〕抬头。这里引申指仰望、仰慕、敬仰。

【提要】

闻过则喜，知错必改，这是一种光明磊落的襟怀。"人谁无过？过而能改，善莫大焉。"（《左传·宣公二年》）无论是普通人还是领导者，概莫能外地都会常犯错误，这就像自然界常会发生日食和月食一样（日食每年至少发生两次，最多五次；月食每年最多发生三次）。犯了错误能真心诚意地彻底改正，就像复圆以后的日月一样，照样能得到人们的敬仰。

◎第50条《论语·尧曰第二十》

子曰："尊五美①，屏四恶②，斯③可以从政矣。"

子张曰："何谓五美？"子曰："君子惠而不费，劳而不怨，欲而不贪，泰而不骄，威而不猛。"④

……

子张曰："何谓四恶？"

子曰："不教而杀谓之虐；不戒视成谓之暴；慢令致期谓之贼；犹之与人也，出纳之吝谓之有司。"⑤

【注释】

①〔尊五美〕尊崇五种美德。

②〔屏（bǐng 丙）四恶〕摒（bìng 病）除四种恶政。屏：排除，摈（bìn 鬓）弃，摈除。

③〔斯〕这样。

④〔"君子"以下五句〕当政者给百姓好处，自己却无所耗费；役使百姓，却不招致百姓的怨恨；追求仁义，而不贪求财利；态度矜（jīn 今）持舒泰，而不骄横；庄重威严，却不凶猛。欲：指欲仁欲义。下文孔子解释"欲而不贪"时说："欲仁而得仁，又焉贪？"

⑤〔"不教"以下四句〕事先不加教育就杀掉，叫作"虐"；事先不加申诫却苛责迅速成功，叫作"暴"；迟迟下达命令却限期完成，叫作"贼"；同样是给人东西，出手时却显得吝啬（sè 色），这叫小家子气。虐：残暴，侵害。不戒视成："不宿戒而责目前成"（东汉·马融语）。致期：克期，限期。贼：害。"缓于前而急于后，以误其民而必刑之，是贼害之也。"（朱熹语）出纳：偏义词。单指"出"而无"纳（入）"意。有司：见第36条注②。

【提要】

孔子从正反两方面道出了当政者应该具备的五种美德和必须摒弃的四种恶政。这是他做人处世的原则，也是他政治主张的基本点。孔子在解释"惠而不费"时说："因民之所利而利之，斯不亦惠而不费乎？"意思是：允许百姓做对他们自己有利的事情，不就是对他们自己有利而当政者无所耗费吗？允许就是"给政策"。这种"给政策"的思路，体现了儒家的民本思想，闪烁着从政治国的大智慧。所以，孔子提倡的"五美"在今天仍有重要的借鉴价值。

《孟子》34 条

◎第 51 条《孟子·梁惠王上》

仁者①无敌②。

【注释】

①〔仁者〕有仁德的人。

②〔无敌〕没有可以和他对抗的，没有可以和他比拟的。

【提要】

有仁德的人是无敌于天下的。孟子主张以仁义而不是以功利为指导治理天下。他认为，只要这样坚持下去，弱国可以变成强国，就是拿着木棒也可以抗击"秦楚之坚甲利兵"。所以，从长远看，施行仁政的国家也是不可战胜的。

◎第 52 条《孟子·梁惠王上》

老吾老以及人之老①，幼吾幼②以及人之幼，天下可运于掌③。

【注释】

①〔老吾老以及人之老〕尊敬我自己的长辈，从而

延伸到尊敬别人的长辈。前一个"老"：用作动词，尊敬（老人、长辈）；后两个"老"：名词，老人、长辈。及：延伸到，推广到。

②〔幼吾幼〕爱护我自己的儿女。前一个"幼"：用作动词，爱护（晚辈、儿女）；后两个"幼"：名词，晚辈、儿女。

③〔运于掌〕运转在手掌之中。比喻容易。

【提要】

如果一切政治措施都从恻（cè 册）隐之心出发，推己及人，以仁爱之心治国，那么，统一天下便是情理之中的事了。

◎第53条《孟子·梁惠王上》

权①，然后知轻重；度②，然后知长短。物皆然③，心为甚。

【注释】

①〔权〕秤锤。引申为测定重量。

②〔度〕计量长短的标准。引申为计量长短。

③〔皆然〕都是这样。然：如此，这样。

【提要】

称一称，才知道轻重；量一量，才知道长短。人心更需多方考察，才能知道其善恶。儒家考察君心善恶的标准，就看他是否施行仁政。

◎第54条《孟子·梁惠王上》

明君制民之产[①]，必使仰足以事父母[②]，俯足以畜妻子[③]，乐岁[④]终身饱，凶年[⑤]免于死亡[⑥]；然后驱而之善[⑦]，故民之从之也轻[⑧]。

【注释】

①〔制民之产〕规定民众的产业。孟子提出应保证农民一夫一妻有五亩（五亩合现在一亩二分多。周朝田制，六尺为步，百步为亩）宅地、百亩农田。

②〔仰足以事父母〕对上足以赡（shàn善）养父母。仰：对上。事：服侍，赡养。

③〔俯足以畜妻子〕向下足以养活妻子儿女。俯：向下。畜：同"蓄"，养活。子：儿女。

④〔乐岁〕丰年。

⑤〔凶年〕荒年。

⑥〔死亡〕死去和流亡。

⑦〔驱而之善〕引导（他们）走上善良的道路。之：动词，往，向……走去。

⑧〔民之从之也轻〕百姓很容易服从领导。前一个"之"：结构助词，没有实在意义；后一个"之"：代词，他，指君主。轻：轻易，容易。

【提要】

"得民心者得天下"是儒家政治学说的核心。孟子"制民之产"的主张，使这一政治理念变成了切实可行的政纲，极大地丰富了"保民而王（wàng 旺）"的思想内容。这一主张对后世也产生了深远的影响。

◎第55条《孟子·梁惠王下》

乐民之乐①者，民亦乐其②乐；忧民之忧者，民亦忧其忧。乐以天下，忧以天下，然而不王③者，未之有④也。

【注释】

①〔乐民之乐〕以民众的快乐为快乐。前一个"乐"：动词，以……为快乐。后一个"乐"：名词，快乐。

②〔其〕他的。

③〔王（wàng 旺）〕动词，称王。

④〔未之有〕即"未有之"。没有过这种情况。之：代词，指"乐以天下，忧以天下，然而不王"的情况。

【提要】

作为君主，顺民心，从民意，与天下百姓同忧同乐，必然会获得天下。作为领导者，以民心为重，以民意为准，与人民同呼吸共命运，就一定会得到人民的拥护和爱戴。

◎第56条《孟子·梁惠王下》

左右①皆曰贤，未可也；诸大夫②皆曰贤，未可也；国人皆曰贤，然后察之，见贤焉，然后用之。左右皆曰不可，勿听；诸大夫皆曰不可，勿听；国人皆曰不可，然后察之，见不可焉，然后去之。左右皆曰可杀，勿听；诸大夫皆曰可杀，勿听；国人皆曰可杀，然后察之，见可杀焉，然后杀之。

【注释】

①〔左右〕近臣，侍从。

②〔大夫（fū肤）〕古职官名。周代在国君之下有卿、大夫、士三等。

【提要】

"兼听则明，偏信则暗。"领导者或管理层任用或处分下属，必须多方面听取意见，才能综合考量、明辨是非；偏听偏信某一方面的话而据以决断，就可能导致错误的结果。

◎第57条《孟子·公孙丑上》

虽有智慧，不如乘势①；虽有镃基②，不如待时③。

【注释】

①〔乘势〕趁势，借助有利的形势。

②〔镃（zī姿）基〕大锄。

③〔待时〕等待时机。时：特指农时。

【提要】

要干成一项事业，即使有足够的聪明才智，也不如抓住合适的时机，借助有利的形势。如果时机不成熟、形势不允许却贸然行事，那就是盲动，离失败也就不远了。这和耕作不看农时，农具再好也不会有收获是一个道理。

◎第58条《孟子·公孙丑上》

昔者曾子谓子襄①曰："子好勇乎？吾尝闻大勇于夫子②矣：'自反而不缩③，虽褐宽博④，吾不惴⑤焉；自反而缩，虽千万人，吾往矣。'"

【注释】

①〔子襄〕曾子的弟子。

②〔闻大勇于夫子〕从老师孔子那里听到关于"大勇"的教导。于：从。夫子：老师，指孔子。大勇：异于常人、超乎寻常的勇敢。

③〔自反而不缩〕反躬自问，自己是不占理的。自反：自我反省，反躬自问。缩：直。这里指正直，不理亏。

④〔褐宽博〕古代贫贱者所穿宽大的粗布衣服。借指贫贱者。褐：粗布或粗布衣服。

⑤〔惴（zhuì坠）〕既忧虑又害怕的样子。此处是使动用法，"使之惴"，使之惧怕。

【提要】

这是孟子转述曾子从老师孔子那里听到的关于什么是"大勇"的一段话。遇事首先反躬自问：如果自己理亏，即使是贫穷低贱的人，我也不去恐吓（hè贺）、凌辱他；如果正义在我一边，那么，即使面对千军万马的拦挡，我也会勇往直前。这种基于理性和道义的勇气是值得肯定和发扬的。

◎第59条《孟子·公孙丑上》

以力服人者，非心服也，力不赡①也；以德服人者，中心②悦而诚服也，如七十子③之服孔子也。

【注释】

①〔力不赡（shàn善）〕力量不足以抵御。赡：充足。

②〔中心〕内心，心中。

③〔七十子〕即"七十二子"。指孔子门下才德出众的七十二个弟子。七十，举其成数而言。

【提要】

孟子对诸侯国的君主们动辄（zhé哲）炫（xuàn渲）

耀武力、攻城略地，十分反感。他指出，以强大的武力压服别人，别人可能一时服软，但是口服心不服；只有以德待人、感化人，才能使人口服心服。大至一国之君，小至一般官员，都必须牢记：人心欺不得、压不服；只有以诚相待，以德感化，才能使人心悦诚服，和谐相处（chǔ 楚）。

◎第60条《孟子·公孙丑上》

无恻隐[①]之心，非人也；无羞恶[②]之心，非人也；无辞让[③]之心，非人也；无是非之心，非人也。恻隐之心，仁之端也；羞恶之心，义之端也；辞让之心，礼之端也；是非之心，智之端也。

【注释】

①〔恻（cè 册）隐〕同情，怜悯。

②〔羞恶（wù 勿）〕对自己或别人的坏处感到羞耻厌恶。朱熹《四书集注》："羞，耻己之不善也；恶，憎（zēng 增）人之不善也。"

③〔辞让〕谦逊推让。

【提要】

孟子认为，具有恻隐、羞恶、辞让、是非之心，是做人的起码要求。恻隐之心，是感慨天地万物皆有物极必反、荣枯盛衰而萌生的悲悯之情，这是大仁的开端；面对缺陷与不足，感到羞愧，勇于承认，对丑恶的行为表示厌恶，这是义的开端；不居功、不矜（jīn今）能，懂得辞让，这是礼的开端；明辨是非善恶，坚持正义正道，这是智的开端。以上种种，就是孟子超越前人之处。孟子的"四端"之说是儒家学说的重要范畴，极为重要，后来西汉董仲舒再加上孔子所说的"信"，就成为儒家纲常名教的"五常"。

◎第61条《孟子·公孙丑上》

子路，人告之以有过则喜；禹闻善言则拜①；大舜有大焉②，善与人同③，舍己从人④，乐取于人以为善⑤。自耕稼、陶、渔⑥以至为帝，无非取于人者。取诸人以为善⑦，是与人为善⑧者也。故君子莫大乎与人为善。

①〔禹闻善言则拜〕禹听到好的意见就拜谢（提意见的人）。禹：也称大禹、夏禹。夏朝建立者。原为夏后氏部落领袖，后因治理洪水有功，被舜确定为继承人，舜死后继位。

②〔大舜有（yòu 幼）大焉〕大舜更为突出。有，通"又"。

③〔善与人同〕自己有优点，愿意别人也有这些优点；别人有长处，肯于向别人学习。

④〔舍己从人〕放弃自己的见解而接受别人的意见。

⑤〔乐取于人以为善〕愿意从别人那里学习善言善行，自己来加以实践。于：从。

⑥〔耕稼、陶、渔〕据《史记·五帝本纪》载，虞舜曾在历山耕田，在河滨制作陶器，在雷泽打鱼。稼：种植谷物。陶：制作陶器。渔：捕鱼。

⑦〔取诸人以为善〕吸取别人的优点来做善事。取诸人：取之于人。诸，"之于"的合音。

⑧〔与人为善〕原意为偕（xié 协）同别人一起做好事。后多用作善意地与人相处或帮助他人的意思。与：和，及，偕同。为善：行善，做好事。

【提要】

子路闻过则喜，"禹闻善言则拜"，大舜"善与人同，舍己从人"且"与人为善"。这些古圣先贤身上的优良品德，彰显了他们博大的胸怀和过人的胆识。正因为如此，虞舜才能从耕稼、陶、渔的一介平民登上帝位；影响所及，还形成了淳朴的社会风尚、良善的道德习俗。作为领导者和管理者，每个人都应从中得到教益。

◎第62条《孟子·公孙丑下》

天时不如地利，地利不如人和①。

【注释】

①〔天时不如地利，地利不如人和〕"天时、地利、人和"是战国时期常见的概念，《荀（xún寻）子》和《孙膑（bìn摈）兵法》等书中均有提及，其内涵并不相同。孟子这里所说的"天时"，可能是指宜于攻战的阴阳寒暑等自然气候条件；"地利"，当指利于防守的山川险阻、高城深池等地理优势；"人和"则当指人心所向，内部团结。

【提要】

要想成就一番事业，天时、地利与人和缺一不可。"不如"不等于不重要，只不过是说三者有先后及主次之分，"人和"是第一要素。

◎第63条 《孟子·公孙丑下》

得道①者多助，失道者寡助。寡助之至，亲戚畔②之；多助之至③，天下顺之。

【注释】

①〔得道〕符合道义。

②〔畔〕同"叛"。

③〔之至〕到了顶点。之：动词，往，到。至：顶点。

【提要】

符合道义，就会万众相随，即便是星星之火，也能成燎原之势；违背道义则无人相助，即使是天纵之才、九五之尊，照样会众叛亲离，落得个孤家寡人的悲凉下场。

◎第64条 《孟子·滕文公上》

上有好者，下必有甚焉者①矣。"君子之德，风也；小人之德，草也。草尚之风②，必偃③。"

【注释】

①〔上有好者，下必有甚焉者〕在上位的人爱好什么，下面的人必定对此更加爱好。甚：过分；超过。

②〔草尚之风〕即"草尚之以风"。风吹在草上。尚：上，加于……之上。

③〔偃（yǎn演）〕倒。

【提要】

君子的德行好比是风，风向哪边吹，草就向哪边倒。孟子引用孔子的话（《论语·颜渊》："君子之德，风；小人之德，草。草上之风，必偃。"）借以说明，当政者的言行举止具有很大的示范性，只要他们身体力行，臣下也一定更加努力地去效法。孔孟对两边倒的墙头草并不鄙（bǐ笔）视、不排斥，而是认为可以引导它倒向正义一边。

◎第65条《孟子·滕文公上》

孟子曰："民事不可缓①也。"

【注释】

①〔缓〕延缓，推迟。

【提要】

这是"滕文公问为国（如何治理国家）"时，孟子回答他的话。此处所说的"民事"，主要指的是与民生密切相关的农事。"王者以民为天，而民以食为天。""民事不可缓"即不违农时，"顺应天时，以尽地利"的意思。当然，推而广之，一切与民生密切相关的事，都"不可缓"，不可拖，必须抓紧办，办得快，办得好。

◎第66条 《孟子·滕文公上》

民之为道也，有恒产①者有恒心②，无恒产者无恒心。苟无恒心，放辟邪侈③，无不为已。及陷乎罪④，然后从而刑之，是罔民⑤也。焉有仁人在位罔民而可为也？是故贤君必恭俭礼下⑥，取于民有制⑦。

【注释】

①〔恒产〕指土地、田园、房屋等不动产。

②〔恒心〕常存的善心。

③〔放辟（pì譬）邪侈〕放纵违法，为非作歹。辟：通"僻"，偏颇。

④〔陷乎罪〕陷于罪。即犯了罪。乎：于。

⑤〔罔（wǎng往）民〕布下罗网陷害百姓。罔：通"网"，指布下罗网。

⑥〔恭俭礼下〕恭谨谦逊，对下属以礼相待。俭：谦

逊的样子。

⑦〔取于民有制〕按一定的规制（如税率十分抽一的什一之制）从百姓那里征收赋税。于：从。

【提要】

百姓有固定产业或收入，就有安分守己之心。相反，穷困潦倒、饥寒交迫，他们就可能铤（tǐng 挺）而走险、违法乱纪。这时再将他们治罪，就无异于陷害他们。所以，使百姓安居乐业才是国家长治久安的大计。

◎第67条《孟子·滕文公下》

居天下之广居①，立天下之正位②，行天下之大道③；得志，与民由之④，不得志，独行其道；富贵不能淫⑤，贫贱不能移，威武不能屈：此之谓大丈夫⑥。

【注释】

①〔广居〕宽大的住所。儒家用以喻仁。

②〔正位〕中正之位。儒家用以喻礼。

③〔大道〕正道。儒家用以喻义。

④〔与民由之〕跟民众一起沿着大道前行。由：循着，沿着。之：代词，指大道。

⑤〔淫〕乱。

⑥〔大丈夫〕指有志气或有作为的男子。

【提要】

孟子主张以德服人，统一天下，反对武力征伐。他认可的大丈夫应该是：居于仁，立于礼，行于义；得志时，率众前行，不得志时，坚守原则，独善其身；富贵不能乱其心，贫贱不能变其志，威武不能屈其节。孟子道出了具有高尚节操、人格尊严而勇敢无畏的大丈夫的真谛（dì帝），昭示了天地间的浩然正气。

◎第68条《孟子·滕文公下》

非其道①，则一箪食②不可受于人；如其道，则舜受尧之天下，不以为泰③。

【注释】

①〔道〕指道义。

②〔一箪食〕见第22条注②。

③〔泰〕过分。

【提要】

如果不合道义，即使是一竹筒饭也不能接受；如果合乎道义，那么，就像舜接受尧的禅让而得到天下一样，也不算过分。可见，能否"受于人"，应以是否合于"道"为标准。"临财毋（wú 无）苟得""君子爱财，取之有道"，说的都是一个意思。

◎第69条《孟子·离娄上》

离娄①之明，公输子②之巧，不以规矩③，不能成方圆。

【注释】

①〔离娄〕传说为黄帝时人，视力特强，"能于百步之外见秋毫之末"。

②〔公输子〕即公输班〔班，也作"般"或"盘（bān 搬）"〕。因为他是鲁国人，所以也称鲁班，是春秋时著名的巧匠。

③〔规矩（jǔ 举）〕校正圆形和方形的两种工具。引申为礼法、法度。

【提要】

即使有离娄那样的视力、鲁班那样的巧技，没有规和矩，也画不出圆形和方形。礼制和法制就是治国的"规矩"。德治和法治双管齐下，就可以维护国家秩序和社会稳定，促进社会发展。

◎第70条《孟子·离娄上》

城郭不完①，兵甲②不多，非国之灾也；田野不辟③，货财不聚，非国之害也。上无礼，下无学，贼民④兴，丧无日矣。

【注释】

①〔城郭不完〕城墙不坚固。城：指内城的墙。郭：指外城的墙。完：坚固。

②〔兵甲〕兵器和铠（kǎi 凯）甲。泛指武器、军备。

③〔不辟〕未加开辟。

④〔贼民〕指犯上作乱之民。

【提要】

维护国家安全，城郭、兵甲、田野、货财并不是最重要的因素。当政者不依礼行事，百姓失去教化，这才是最可怕的。因为此时，违法乱纪的人会趁机而起，铤（tǐng 挺）而走险，国家灭亡之日也就临近了。孟子在这里再次强调仁政、礼教是强国的基础。

◎第71条《孟子·离娄上》

爱人不亲，反其仁①；治人不治，反其智②；

礼人不答，反其敬③：行有不得者，皆反求诸己④。其身正而天下归之。

【注释】

①〔反其仁〕反思自己所行仁爱足不足。

②〔反其智〕反思自己施政的智慧多不多。

③〔反其敬〕反思自己对人的敬意够不够。

④〔行有不得者，皆反求诸己〕任何做法如果没有达到预期效果，都要反躬自责。诸："之于"的合音。

【提要】

我爱别人，别人却不亲近我；我管理别人，却管理不好；我礼貌待人，却得不到相应的尊重。诸如此类的事情发生后，"不怨天，不尤人"，而是反躬自省：自己的仁爱足不足、智慧多不多、敬意够不够。这是何等博大的胸襟、何等高尚的品格！这就是孔子所说"躬自厚而薄责于人"（《论语·卫灵公》）的精神。有了这种精神，何愁下属和百姓不拥戴、天下不归心！

◎第72条《孟子·离娄上》

天下之本①在国，国之本在家②，家之本在身。

【注释】

①〔本〕根本，根基，基础。

②〔家〕这里指家庭，非指卿大夫的采（cài蔡）地
食邑。

【提要】

天下的根基在于国，国的根基在于家，家的根基
在于人自身。只有自己严于修身，才能"齐家治国平天
下"。因此，加强每个社会成员的思想修养，不断提高
人的素质，是达到家庭和睦、社会和谐、国家兴旺、天
下太平的必由之路。

◎第73条《孟子·离娄上》

夫人必自侮，然后人侮之①；家必自毁，而
后人毁之；国必自伐②，而后人伐之。

【注释】

①〔夫（fú扶）人必自侮（wǔ午），然后人侮之〕
人一定是先有了自取侮辱的行为，别人才会侮辱他。夫：
用在句首的语气助词，没有实在意义。然后：这样做了以
后。然，这样，如此。

②〔伐〕征伐。

先哲孟子在这里有意无意地运用唯物辩证法分析了"人、家、国"由盛变衰的道理：外因是变化的条件，内因则是变化的根据，外因通过内因而起作用。实际上在告诫人们，不论是个人、家庭、家族还是国家，只要自尊自爱、自强不息，外人就不敢欺负。这也正是我们坚持独立自主、自力更生和对外开放方针的哲学理论依据。

◎第74条《孟子·离娄上》

桀、纣①之失天下也，失其民也；失其民者，失其心也。得天下有道：得其民，斯得天下矣；得其民有道：得其心，斯得民矣；得其心有道：所欲与之聚之②，所恶勿施③，尔也④。

【注释】

①〔桀（jié 节）、纣（zhòu 咒）〕夏、商两代的亡国之君。夏桀暴虐荒淫，商纣暴敛重刑，百姓怨声载道。

②〔所欲与（yǔ宇）之聚之〕百姓所想得到的东西，替他们积聚起来。与：为（wèi卫），替。前一个"之"：代指"民"，即百姓；后一个"之"：代指"所欲"，即想要得到的东西。

③〔所恶（wù 物）勿施〕百姓所厌恶的，不强加于他们。

④〔尔也〕如此而已，如此罢了。

【提要】

失民心者失天下，得民心者得天下。孟子不仅指出得民心的重要性，还提出赢得民心的具体做法："所欲与之聚之，所恶勿施。"

◎第75条《孟子·离娄上》

人之患①在好②为人师。

【注释】

①〔患〕指毛病。

②〔好（hào 耗）〕喜好，喜欢。

【提要】

孟子指出，一些人的毛病在于自以为是，时时处处总想卖弄学问，指手画脚，硬充别人的老师。这种人与学高为师、身正为范的真正的老师有天壤之别，与孔子的"三人行，必有我师焉"和"子入太庙，每事问"的态度大相径庭。

◎第76条《孟子·离娄下》

声闻过情^①，君子耻之^②。

【注释】

①〔声闻过情〕名声超过实情。声闻：名声，名誉。闻，旧读 wèn（音问）。情：实际情形，真实情况。

②〔耻之〕以之（声闻过情）为耻。

【提要】

这是"知耻"的另一境界，需要克服虚荣心和物质方面的双重诱惑，很不容易做到。

◎第77条《孟子·万章下》

万章^①问曰："敢问友^②。"孟子曰："不挟长^③、不挟贵^④、不挟兄弟^⑤而友。友也者，友其德也，不可以有挟也。"

【注释】

①〔万章〕战国时人。孟子的弟子。

②〔敢问友〕（我）冒昧地问一下怎么交朋友。敢：斗胆，冒昧地。

③〔不挟长（xié zhǎng 协掌）〕不倚仗年岁大。挟：依仗，倚仗。

④〔贵〕（自己）地位高，有权势。

⑤〔兄弟〕（自己的）兄弟才高位显。"兄弟"后承上省略"贵"字。

【提要】

"同声相应，同气相求。"交友应该彼此看重对方的道德情操，平等相待。唐·李白《少年行》："府县尽为门下客，王侯皆是平交人。"平交最是难能可贵。

◎第78条《孟子·告子上》

鱼，我所欲①也，熊掌亦我所欲也；二者不可得兼②，舍鱼而取熊掌者也。生亦我所欲也，义③亦我所欲也；二者不可得兼，舍生而取义者也。

【注释】

①〔我所欲〕我想得到的，我所喜欢的。

②〔得兼〕即"兼得"，同时得到。

③〔义〕道义。

【提要】

孟子以鱼和熊掌不可兼得时，"舍鱼而取熊掌"为喻，说明在生与义不可兼得时，应该"舍生而取义"。从古至今，无数的志士仁人"舍生取义"，为正义事业牺牲了自己的生命。如南宋文天祥，坚守气节，从容就义。死前，他写好了"赞"藏在衣带中："孔曰成仁，孟曰取义。惟其义尽，所以仁至。读圣贤书，所学何事？而今而后，庶几（jī机）无愧！"

◎第79条《孟子·告子下》

故天将降大任于是人①也，必先苦其心志②，劳其筋骨③，饿其体肤④，空乏其身⑤，行拂乱其所为⑥，所以动心忍性⑦，曾益其所不能⑧。

【注释】

①〔是人〕这个人。是：这。

②〔苦其心志〕使他的心意苦恼。

③〔劳其筋骨〕使他的筋骨困乏疲劳。

④〔饿其体肤〕使他的肠胃饥饿。

⑤〔空（kòng控）乏其身〕使他受到穷困之苦。空乏：穷困，资财贫乏。

⑥〔行拂（fú 福）乱其所为〕违背他的意愿，搅乱他的行为，使他做事不顺。拂：逆，违背。

⑦〔动心忍性〕使他的心受到惊动，使他的性情坚忍起来。

⑧〔曾（zēng 增）益其所不能〕增长他原不具备的才干。曾：同"增"。益：增加。

【提要】

所有要干一番大事业的人，都必然会在精神和身体各方面经受痛苦与曲折的考验，并以此来坚定自己的意志，增长自己的才干，使自己成长为处（chǔ 楚）变不惊、临危不惧、百折不挠、无往不胜的栋梁之材。

◎第80条《孟子·告子下》

入①则无法家②拂士③，出④则无敌国⑤外患者，国恒亡。然后知生于忧患而死于安乐也。

【注释】

①〔入〕指在国内。

②〔法家〕严守法度的大臣。

③〔拂（bì 必）士〕辅弼（bì 必）的贤士。指能够直言

劝谏、矫正君主过失的臣子。拂：通"弼"，辅弼，辅佐。

④〔出〕指在国外。

⑤〔敌国〕力量相与匹敌的邻国。

【提要】

"生于忧患，死于安乐"是一个蕴含辩证思维的命题。逆境和忧患激励人们奋发向上，自强不息；优游安乐的环境，容易使人怠惰，人心涣散，从而使国家走向衰落。因此，对于一个人、一个单位、一个地区乃至一个国家来说，忧患意识不仅仅是盛世危言，它还应该是预警系统里的一个重要环节。

◎第81条《孟子·尽心上》

仁言①不如仁声②之入人深也，善政③不如善教之得民也。善政，民畏之；善教，民爱之。善政得民财，善教得民心。

【注释】

①〔仁言〕仁德教化的言论。

②〔仁声〕具有教化作用，能使风俗变得淳厚的音乐或乐声，如古代乐曲《雅》《颂》的演奏声。一说，"仁

声"指仁德的声望。朱熹《四书集注》引述程颐的说法："仁声，谓仁闻，谓有仁之实而为众所称道者也。"

③〔善政〕清明的政治；良好的政令。《尚书·虞书·大禹谟》："德惟善政，政在养民。"

【提要】

仁德教化的言论不如具有教化作用的淳美的音乐那样深入人心，良善的政令不如良好的教育那样赢得民众。良善的政令，百姓畏服它；良好的教育，百姓喜爱它。良善的政令能得到百姓的财富，良好的教育能赢得百姓的拥戴。

◎第82条 《孟子·尽心上》

君子有三乐①，而王天下不与存焉②。父母俱存，兄弟无故③，一乐也；仰不愧于天，俯不怍④于人，二乐也；得天下英才而教育之，三乐也。

【注释】

①〔三乐〕三种高兴的事。

②〔王（wàng 旺）天下不与存焉〕称王于天下是不在其中的。（称王于天下属于君王之乐，而不是君子之乐。君王可以称王于天下，但不一定有君子之乐。君子有

如下三乐，而君王未必有。）

③〔故〕事故，指灾患丧病。

④〔怍（zuò 坐）〕惭愧。

【提要】

父母健在，兄弟们没有灾患丧病，这是孝悌之乐；抬头无愧于天，低头无愧于人，这是自律的结果，应属修身之乐；而得到天下的优秀人才，对他们进行教育，使他们成为"治国平天下"的栋梁，这是育人之乐。这"三乐"均属深层次、高境界的君子之乐，而不是浅层次、低俗化的小人之乐。

◎第83条《孟子·尽心上》

其进锐①者，其退速。

【注释】

①〔锐〕迅速，急切。

【提要】

前进太猛，做得过了头，退起来也会很快，结果还是达不到目的。这就应了孔子的话："欲速则不达"（《论语·子路》），"过犹不及"（《论语·先进》）。

◎第84条《孟子·尽心下》

贤者以其昭昭^①使人昭昭，今以其昏昏^②使人昭昭。

【注释】

①〔以其昭昭〕用他的清楚明白。以：用。其：他的。昭昭：明白。

②〔昏昏〕糊里糊涂。

【提要】

教育者必须先受教育。作为领导者或管理者，大到路线、方针、政策和治国方略，小到本行业的名物、制度乃至细则等，都应了然在胸，然后才有资格去管理下属、指导工作。否则，自己糊里糊涂，也绝不可能让下属和群众清楚明白。

《大学》7条

◎第85条《大学·经一章》

大学之道①，**在明明德**②，**在亲民**③，**在止于至善**④。

【注释】

①〔大学之道〕大学的宗旨。大学：指相对于"小学"而言的"大人之学"。古人八岁入小学，学习基础知识和礼仪；十五岁入大学，学习儒家修己教人、治国平天下的大道理。道：道路，引申为规律、原则、思想体系等。

②〔明明德〕彰显并弘扬光明正大的品德。前一个"明"为动词，即"使彰明"，就是发扬、弘扬的意思。后一个"明"为形容词，"明德"即光明正大的品德。

③〔亲民〕朱熹认为：亲读xīn，通"新"，使更新，使弃旧图新；亲民，即"新民"，是说推己及人，使人弃旧图新、去恶从善。明朝哲学家王阳明则认为："亲"仍读qīn，意为亲近、亲爱；"亲民"取"政在亲民"之意。

④〔止于至善〕达到最完美的境界。至：最，极。

【提要】

这句话言简意赅（gāi该），道出"大学"的总纲：彰显并弘扬光明正大的品德，使人革除恶欲，弃旧图新，达到最完美的道德境界。"明明德""亲民""止于至善"被称为《大学》的"三纲领"。北宋理学家程颢、程颐则强调《大学》是"初学入德之门"。其特点在于从人的精神弘扬和品德修养出发，讲述治国平天下的道理，构筑治国平天下的精神基础。

◎第86条《大学·经一章》

古之欲明明德于天下者，先治其国；欲治其国者，先齐其家①；欲齐其家者，先修其身②；欲修其身者，先正其心③；欲正其心者，先诚其意④；欲诚其意者，先致其知⑤；致知在格物⑥。物格而后知至，知至而后意诚，意诚而后心正，心正而后身修，身修而后家齐，家齐而后国治，国治而后天下平。

【注释】

①〔齐其家〕整治好自己的家庭或家族，使之和美兴旺。齐：整治，管理。

②〔修其身〕修养自身的品性。

③〔正其心〕使自己的思想、意念端正。

④〔诚其意〕使自己的心意诚实，不自欺欺人。

⑤〔致其知〕使自己获得知识。

⑥〔格物〕认识、研究万事万物。格：探究，推究。

【提要】

这一段分别从逆向和正向论述的八个环节，环环相扣，逻辑清楚，被宋儒朱熹称作《大学》"八条目"。"格物、致知、诚意、正心、修身"专注于心性修养和道德养成；"齐家、治国、平天下"说的是由近及远、由简到繁的治政之事，意在阐明高尚的道德是清明政治的基础。

◎第87条《大学·传第三章》

为人君止①于仁，为人臣止于敬，为人子止于孝，为人父止于慈，与国人②交止于信。

【注释】

①〔止〕居停。这里有做到、达到的意思。

②〔国人〕古代指居住在大邑内的人。范文澜、蔡美彪等《中国通史》："农民住在田野小邑，称为野人；工商业者住在大邑，称为国人。"今泛指国内之人、全国的人。

【提要】

这一句是说，君仁臣敬，父慈子孝，民间交往讲究诚信。总之，在社会上和家庭里，不同身份的人都要遵守相应的道德行为规范。这是社会形成公序良俗的基础，也是保证社会和谐发展的基本条件。

◎第88条《大学·传第六章》

所谓诚其意者，毋自欺也。如恶恶臭^①，如好好色^②，此之谓自谦^③。故君子必慎其独^④也。

【注释】

①〔恶（wù务）恶（è扼）臭（xiù秀）〕厌恶腐臭的气味。前一个"恶"：动词，厌恶，讨厌。后一个"恶"：形容词，污秽。臭：气味。

②〔好（hào耗）好（hǎo郝）色〕喜爱美丽的女色。前一个"好"：动词，喜爱。后一个"好"：形容词，美，善。

③〔谦（qiè窃）〕通"慊（qiè窃）"，指满足，满意。

④〔慎其独〕在他一个人独处（chǔ楚）时也谨慎不苟。

【提要】

所谓使意念真诚，是说不要自己欺骗自己。要像厌恶腐臭的气味和喜爱美丽的女色一样，发自内心，心安理得。所以，道德高尚的人即使独处（chǔ 楚）一地，无人看到、无人监督时，也会谨慎不苟、严格律己，不做伤天害理的事。

◎第89条《大学·传第十章》

民之所好①好之，民之所恶②恶之，此之谓民之父母。

有国者不可以不慎，辟则为天下僇③矣。

道得众则得国④，失众则失国。

【注释】

①〔好（hào 耗）〕与下面"好之"的"好"均为动词，喜好、喜爱之意。

②〔恶（wù 务）〕与下面"恶之"的"恶"均为动词，讨厌、厌恶之意。

③〔辟（pì 譬）则为（wéi 唯）天下僇（lù 路）矣〕如果政治措施有所偏颇，就会被天下民众推翻。辟：通"僻"，偏颇。为：被。僇，通"戮"，杀戮。

④〔道得众则得国〕政治措施能获得民众支持，就能

巩固统治，保有国家政权。道：这里指当政者所采取的政治措施。

【提要】

当政者必须以民众的好恶（hào wù 耗务）为自己的好恶，必须谨慎地采取能得到民众拥护的政治措施。只有这样，才能赢得民心，巩固政权；否则就会失去民心，乃至丧身亡国。

◎第90条《大学·传第十章》

未有上好仁而下不好义者也，未有好义其事不终①者也。

【注释】

①〔其事不终〕指事业半途而废。

【提要】

"仁"和"义"是儒家治国的根本原则。没有处（chǔ 楚）上位的人喜好仁德而属下不喜欢道义的。这说明，当政者做出榜样有不可估量的作用。

◎第 91 条《大学·传第十章》

国不以利为利，以义为利也。

【提要】

国家不能以财富而要以道义为最高的利益追求。在纷纷扰扰的国际争端中，我们以这把尺子稍加衡量，正义和非正义即昭然若揭。先贤的这一治国理念，在言简意赅（gāi 该）的论述中，穿越时代和疆域，给后人的启示是隽（juàn 绢）永的。

《中庸》9 条

◎第 92 条 《中庸·第一章》

中也者，天下之大本①也；和也者，天下之达道②也。致中和，天地位焉，万物育焉③。

【注释】

①〔大本〕根本，事物的基础。

②〔达道〕公认的准则。

③〔"致中和"三句〕达到了中和的境界，天地就会各就其位而正常运转，万物就会各得其所而得到养育繁衍。

【提要】

儒家认为，恪（kè克）守中正之道，不偏不倚，是天下的根本、万事万物的基础；和谐是天下的共由之路、事物发展的普遍规律。

◎第 93 条 《中庸·第十五章》

君子之道，辟如行远必自迩①，辟如登高必自卑②。

【注释】

①〔辟（pì譬）如行远必自迩〕就像走远路一定要

从近处起步一样。辟如：譬如，比如。辟，通"譬"。迩（ěr耳）：近。

②〔自卑〕从低处开始。卑：低下。

【提要】

君子实践中庸之道，应当循序渐进，从自身做起，从自家做起，从身边做起。

◎第94条 《中庸·第二十章》

好学近乎知①，力行近乎仁，知耻②近乎勇。知斯三者③，则知所以修身④；知所以修身，则知所以治人⑤；知所以治人，则知所以治天下国家矣。

【注释】

①〔近乎知（zhì至）〕接近于智慧。

②〔知耻〕谓有羞恶（wù务）之心。

③〔斯三者〕这三条（三项、三点）。斯：这。

④〔则知所以修身〕就知道应该如何修养自身的品德。所以：用来……的方法。

⑤〔治人〕治理百姓。

儒家认为，爱好学习就接近于智慧了，努力行善就接近于仁德了，有知耻之心就接近于勇敢了。因此，智、仁、勇三项是修身达德的门径。"力行近乎仁"则更凸显了行仁者的精神活力，表明"仁"不是抽象的概念，而是需要真心实意地表达恻（cè册）隐、关爱情感的锲（qiè窃）而不舍的行为。

◎第95条《中庸·第二十章》

凡事豫①则立②，不豫则废③。

【注释】

①〔豫〕也作"预"。指事先准备、策划。

②〔立〕成功。

③〔废〕失败。

【提要】

做事要想成功，必须事先计划、有准备，否则就会遭致失败。

◎第96条《中庸·第二十章》

博学之，审①问之，慎思之，明辨之，笃行②之。

【注释】

①〔审〕详细，周密。

②〔笃（dǔ堵）行〕切实履行，专心实行。笃：忠实，一心一意。

【提要】

广泛地学习，详细、周密地提问、求教，细致缜（zhěn诊）密地思考事物之理，明确地分辨是非优劣，选择至善的道德而坚定不移地执行之。

◎第97条《中庸·第二十章》

人一能之，己百之①；人十能之，己千之。果能此道矣②，虽愚必明，虽柔必强。

【注释】

①〔人一能之，己百之〕别人一次能做到的事，我则付出百倍的努力。

②〔果能此道矣〕如果真能这样。此道：这里指上文

所说的"人一能之……己千之"的做法。

【提要】

"世上无难事，只要肯登攀。"如果真能具有这种百折不挠的精神，付出超乎常人千百倍的努力，那么，即使是笨人也会聪明起来，即使是弱者也会强大起来，无论做什么事都会成功。

◎第98条《中庸·第二十五章》

君子诚之为贵。诚者，非自成己①而已②也，所以成物③也。

【注释】

①〔成己〕完善自己，使自身有所成就。

②〔已〕止。

③〔成物〕成就万物，使自身以外的一切有所成就。

【提要】

"成己"以至"成物"，将完善自己和完善外部世界的实践活动相结合，是儒家中庸之道的一种表现。君子的真诚之所以可贵，就是因为这种真诚并非仅仅自我完善而已，还要成就万物，完善外部世界。

◎第99条《中庸·第二十七章》

君子尊德性而道问学，致广大而尽精微①，极高明而道中庸②，温故而知新，敦厚以崇礼③。

【注释】

①〔尊德性而道问学，致广大而尽精微〕尊崇人的自然至诚之性，通过善学好问，思想境界要达到广博宏大，研讨事理要达到精细入微。德性：指人的自然至诚之性。道：由，从，通过。问学：求知，求学。广大：广博宏大。这里指宏观世界。精微：精细入微。这里指微观世界。

②〔极高明而道中庸〕达到崇高明睿（ruì 瑞），且遵循中庸之道。极：到，达到。中庸：儒家主张待人处（chǔ 楚）事不偏不倚，无过无不及，认为中庸是最高的德行。中，不偏于一方。庸，不改变常态。

③〔敦厚以崇礼〕为人朴实宽厚而言谈举止尊崇道德规范。

【提要】

这句话指出君子修养德行的路径。

◎第100条《中庸·第三十二章》

唯天下至诚，为能经纶①天下之大经②，立天下之大本，知天地之化育③。

【注释】

①〔经纶〕原指整理丝缕、理出丝绪并编丝成绳。引申为筹划治理国家大事。

②〔大经〕常道，常规，大法。《史记·太史公自序》："夫春生夏长，秋收冬藏，此天道之大经也。"

③〔化育〕化生养育万物。

【提要】

只有具备天下最真诚的品性，才能策划制定治理国家的法则、规范，确立国家的根基，掌握天地间化生养育万物的道理。由"至诚"所形成的具有伟大人格和美好品性的人，则会成为国家的政治领袖、民族精神的导师。

"五 经"语 录

[100条]

"五经"简介

　　"五经"指的是儒家的五种经典著作。《庄子》一书称《诗》《书》《礼》《易》《乐》《春秋》为"六经"。其中《乐》散失，只留存下来《乐记》一篇，并入《礼记》中。因此在汉朝，以这五本著作为经典，称为"五经"，并按其成书年代，将顺序改为《易》《书》《诗》《礼》《春秋》。

　　《周易》分为"经"和"传"两部分。"经"的内容包括六十四卦的卦象、卦名、卦辞和爻（yáo摇）辞。它们的产生经历了从西周初年到春秋时代这个漫长的历史过程。鉴于卦辞、爻辞过于简单，很难理解，孔子与后人们持续研究，完成了"传"。《易传》内容很丰富，包括《文言》、《彖（tuàn团去声）传》上下、《象传》上下、《系辞传》上下、《说卦传》、《序卦传》

和《杂卦传》七种，共十篇。这十篇都是对经文大义的解释，好比"经"的"羽翼"，所以又称作"十翼"。被称为"群经之首"的《周易》，讲究阴阳互应，刚柔相济，周而复始，生生不息。《易传》的出现使《周易》的德义精神、人文内涵得到真正的发扬光大，《周易》的价值已不是占卜算卦的神秘技艺，而是勃发出包罗宇宙、经纬人伦的深刻哲理。

《尚书》是我国上古时王室诰命、誓词和追述古代史迹的著作汇编。汉代王充《论衡》称其为"上古帝王之书"。晋代刘勰《文心雕龙》说："圣贤言辞，总为《尚书》。"其中为君治政、统军教民的理念、原则和措施具有普遍意义，所以，这部儒家经典也被视为帝王教科书。《尚书》在秦"焚书"后就亡佚了。西汉初，秦博士伏胜传《尚书》二十九篇，称《今文尚书》。到了东晋元帝时，梅赜却又献上有汉代孔安国作传的《古文尚书》五十八篇。北宋以来，世称其为伪古文本。现在通行的《尚书》，正是今文本和伪古文本混合的五十八篇本。鉴于此书流传已久，内容也不是向壁虚构的，其中不乏真正的史料，所以，学界对其大体上还是认可的。

《诗经》是我国最早的诗歌总集，也是儒家最早传习的经典之一。《诗经》所收诗歌三百零五篇，最初只称《诗》。早在春秋时期，《诗经》就已广泛流传。当时的士大夫常在外交场合引用《诗》中之句来表达自己的意见和愿望，孔子也以其为"六艺"之一教育弟子。《诗经》按其作品乐调和性质不同分为"风""雅""颂"三大类。"风"包括十五个诸侯国或地区的诗歌，称为"十五国风"，共一百六十篇，大部分是民间歌谣；其中一些作品思想性、艺术性均较高，是《诗经》中的精华。"雅"为朝廷正声，是周王朝京都地区的乐歌，分"大雅"和"小雅"，共一百零五篇。"大雅"全部是出自贵族之手的朝会宴享之作；"小雅"大部分是贵族作品，小部分是民间歌谣。"颂"是西周及诸侯国鲁国、宋国的统治者祭祀天地宗庙的祭礼歌辞，分为"周颂""鲁颂""商颂"，共四十篇。作为儒家经典，《诗经》的作用远超出文学范畴，它不仅承担了教化功能，而且许多作品直接指斥暴政、乱德，具有强烈的讽刺意味。

　　"五经"中的《礼》，本指《仪礼》，是春秋战国时期贵族中各种礼仪规范的汇编，也称"士礼"。《周礼》，内分《天官》《地官》《春官》《夏官》《秋官》《冬官》六部分，也称"六官"，叙述国家政治制度中设官分职的情况。《礼记》是一部对于《仪礼》进行阐释、补充、论述的著作，内容庞杂。西汉经学家刘向予以整理，得二百余篇。西汉经学家戴德删重合辑为八十五篇，称"大戴礼记"。其侄戴圣进一步删节为四十六篇，称"小戴礼记"；东汉经学家马融增补《月令》《明堂位》《乐记》各一篇，即成为我们今天所见到的四十九篇的《礼记》。东汉末年，经学家郑玄为《礼记》作注，《礼记》的地位从此逐渐上升，与《仪礼》和《周礼》合称"三礼"；到了唐代，便进入儒家经典"九经"之列了。《礼记》内容非常丰富，有关理政、治军、教育、伦理、交友、礼制等，书中均有论列；而专门记述孔子及其弟子言行的篇章，更为后人重视。《礼记》阐述的礼的社会作用，是正确处理各种身份、各等级的人之间的关系，使人们之间互敬互爱，营造一个有秩序而又和睦、和谐的社会。因此，礼在儒家的价值体系中占据了特殊的位置，《礼记》也成为后世除《论语》外，人们阅读、研究最多的著作。

　　《春秋》是鲁国的编年史。从鲁隐公元年（前722

年）到鲁哀公十四年（前481年），共记二百四十二年间的史事。记录中虽对当时政治事件都有自己的见解和评价，但文句过于简略，如同记事提纲，引得后人为其作注解，流传下来的有《左传》《公羊传》《穀（gǔ谷）梁传》。其中成书最早的《左传》，相传为春秋末年鲁国盲史官左丘明所作。由于《左传》已与《春秋》融为一体，历来被视为经书，从这个意义上说也属于"五经"之列。《左传》是我国最早的较为完善的编年体史书，记述方式灵活多样，有言有行，有述有评，叙事有条有理，写人栩栩如生。它记载了春秋时期许多重要的人物、史事，还保存了若干传说古史，有较高的史料价值和文学价值。

"五经"是中华优秀传统文化最重要的组成部分。它们像几根巨柱，巍然支撑着华夏精神文明的大厦，毫不掩饰地向后人展示了它们共有的特质：无论为官、治军、执教、经商、务工、做人，都要自强不息，敢于担当，以勇敢、谦逊、明智、勤奋、宽容的"正能量"，战胜怯懦、自傲、昏庸、怠惰、狭隘的陋习，为中华民族的伟大复兴贡献一己之力。

《周易》23 条

◎第101条《周易·乾·象》《周易·坤·象》

天行健①，**君子以自强不息**②。
地势坤③，**君子以厚德载物**④。

【注释】

①〔天行健〕天体的运行刚强劲（jìng 敬）健，昼夜不停。

②〔自强不息〕自己奋发向上，永不止息。

③〔坤〕指女性。借指大地坤元之德，即大地生养培育万物之德。

④〔厚德载（zài 在）物〕指大地具有宽厚的德行，能够容纳、承载一切事物。厚德：宽厚的德行，高尚的道德。载：容纳，承载。

【提要】

君子既应效法天道，勤恳坚毅，奋发向上，永不停息，又要效法大地母亲那样，有坦荡宽广的胸怀，容得下万事万物。自强不息就可以一步步走向成功，厚德载物也会使自己的人生道路越走越宽广。

◎第102条《周易·乾·文言》

居上位①而不骄，在下位②而不忧。

【注释】

①〔上位〕高位，显达的职位。

②〔下位〕低位，卑贱的职位。

【提要】

地位越高，越应该谨言慎行，谦逊而不张狂，这样才能少犯错误，受到人们的尊敬。地位低下或境遇不佳时，不能忧郁懈怠，自暴自弃；应该坚信，只要努力不懈，境遇是可以改变的。

◎第103条《周易·乾·文言》

同声相应，同气相求。

【提要】

原指乐声相和（hè贺）。比喻同类事物互相感应，也比喻志趣相同或气质相类者互相吸引、聚合。值得玩味的是，这个"吸引"与"聚合"，并没有专指好的一面，所以孔子告诫："君子不党（不结党营私）。"聚而不党，就是所谓的"君子之交"了。

◎第104条《周易·坤·文言》

积善①之家，必有余庆②；积不善之家，必有余殃③。

【注释】

①〔积善〕积累善行。

②〔余庆〕指留给子孙后辈的德泽。

③〔余殃〕指留给子孙后辈的祸害、后患。

【提要】

积累善行的人家，留给晚辈的是美好的政治名声和宝贵的精神财富，能保子孙后代福泽绵长；积累恶行的人家，留给子孙后代的是千载骂名和无穷的后患。

◎第105条《周易·坤·文言》

君子敬以直内①，义以方外②，敬义立而德不孤。

【注释】

①〔敬以直内〕即"以敬使内直"。用严肃恭敬的态度使内心正直、真诚。

②〔义以方外〕即"以义使外方"。用合乎道义的方式使外在的言行表现得方正。

【提要】

用严肃恭敬的态度来保持内心的正直和真诚，用合乎道义的方式来规范外在言行，这样兼具"敬"和"义"的有德行的人是不会孤单的：他的美德广泛地传布，必定会得到人们的响应，他也必定会得到人们的亲近和支持。所以，孔子说："德不孤，必有邻。"（《论语·里仁》）

◎第106条《周易·否·象》

君子以俭德①辟②难，不可荣以禄③。

【注释】

①〔俭德〕俭约的品德。

②〔辟（bì 必）〕通"避"。

③〔荣以禄〕（追求）荣华，（谋取）禄位。以：顺接连词，而，而且。

【提要】

君子以节俭为美德而能够避开危难，不可谋取禄位，追求荣华。这句话告诉我们，俭朴的德行能够防止奢靡（mí迷）腐化等行为，还可以帮助人躲避危险。可悲的是，从古至今，虽然明知欲海无边，而追求和迷恋奢华侈靡生活的人仍然不绝如缕，前"腐"后继。

◎第107条《周易·谦·彖》

天道亏盈而益谦①，地道变盈而流谦②，鬼神害盈而福谦③，人道恶盈而好谦④。

【注释】

①〔天道亏盈而益谦〕天的规律是亏损盈满的而补益空虚的。天道：天理，指天的规律。《易经集解》引唐·崔憬（jǐng景）语："若日中则昃（zè仄），月满则亏，损有余以补不足，天之道也。"

②〔地道变盈而流谦〕地的特征是迁变盈满的而流入低洼之处。地道：大地的规律和特征。

③〔鬼神害盈而福谦〕鬼神祸害骄盈的而福佑谦下的。害盈：使骄傲自满者受祸害。福谦：使谦虚者得福。

④〔人道恶（wù务）盈而好谦〕人的本性是厌恶骄盈自满者而喜好谦逊礼让者。

【提要】

从天道、地道、鬼神和人道四个方面，反复申明"满招损，谦受益"的道理，说明保持谦虚美德的必要性和重要性。

◎第108条《周易·家人·象》

君子以言有物①而行有恒②。

【注释】

①〔言有物〕说话或写文章有内容，不空洞。

②〔有恒〕指严守道德规范，坚守高尚情操。

【提要】

说话要有依据，行动要有准则。"言有物"是有思想、有见识、有才学的表现，"行有恒"是对道德规范和高尚情操的坚守。

◎第109条《周易·蹇(jiǎn简)·彖》

见险而能止，知①矣哉。

①〔知（zhì至）〕通"智"。

【提要】

见到危险能够停止不前，便是明智。可是利欲熏心、利令智昏后，又有几人看得见那潜（qián前）在的危险而悬崖勒马呢！

◎第110条《周易·益·象》

君子以见善则迁①，有过则改。

【注释】

①〔迁〕归向，跟从，追随。

【提要】

从政者改过向善，不仅可以变被动为主动，还会让民众感受到仁爱的美德，进而受到民众的拥护。

◎第111条《周易·困·象》

险以说①，困而不失其所②，亨③，其唯君子乎！

【注释】

①〔险以说（yuè 月）〕处于险境而能旷达乐观。以：而，却。说：通"悦"。唐·孔颖达疏曰"畅悦之心"，即旷达乐观之心。

②〔所〕宜，即应处之所，应该坚持的信仰和操守。《左传·哀公十六年》："失志为昏，失所为愆（qiān千）。"

③〔亨〕亨通。

【提要】

处于险难之中而能乐观面对，身陷困境而能坚持信仰和操守，最终依然能够通达顺利，这大概只有君子才能做到吧！人在世上，窘（jiǒng同）迫、穷困是难以避免的，关键是应乐观向上，守志不移，创造条件，积极应对，这样终会脱困而"亨"。

◎第112条《周易·困·象》

君子以致命①遂志②。

【注释】

①〔致命〕舍命，犹捐躯。

②〔遂志〕实现理想，满足愿望。

【提要】

君子在困窘之时，宁可舍弃生命也要实现崇高的理想。孟子说得更具体："生亦我所欲也，义亦我所欲也；二者不可得兼，舍生而取义者也。"（《孟子·告子上》）

◎第113条《周易·艮（gèn亘）·彖》

时①止则止，时行则行，动静②不失其时，其道光明。

【注释】

①〔时〕即"以时"。根据时机。
②〔动静〕指行动与止息。

【提要】

根据时机该停就停下来，该行动就采取行动，无论动还是静都不失时机，这就是顺应规律，前途当然是光明的。

◎第114条 《周易·丰·彖》

日中则昃^①，月盈则食^②，天地盈虚^③，与时消息^④，而况于人乎？

【注释】

①〔日中则昃（zè 仄）〕太阳升到正中后就会西偏。昃：太阳偏西。

②〔食〕亏缺，亏损。

③〔盈虚〕盈满或虚空。谓发展变化。

④〔与时消息（xī 西）〕随着时间的推移而消亡或增长。息：滋长，繁衍。

【提要】

盛极而衰，物极必反。这里告诉人们的是，天地都会随着时间的推移而寒暑交替、陵谷变迁，更何况是人呢！所以，在盛大丰盈之时，要有忧患意识，保持戒惧之心，居安思危。

◎第115条 《周易·系辞上·第五章》

仁者见之谓之仁，知^①者见之谓之知。

①〔知(zhì至)〕通"智"。

【提要】

这句话的意思是：对于道的化生万物，仁者见它说它是仁，智者见它说它是智。指对同一事物的见解因人而异。后以"见仁见智"谓对同一问题各有各的见解。

◎第116条《周易·系辞上·第八章》

二人同心，其利断金①；同心之言，其臭如兰②。

【注释】

①〔其利断金〕它的锋利可以达到切断金属的程度。

②〔其臭(xiù秀)如兰〕它的气味像兰草一样芬芳。臭：气味。

【提要】

这两句话与"人心齐，泰山移"异曲同工，都是强调团结的重要性。

◎第117条《周易·系辞上·第八章》

劳而不伐①，有功而不德②，厚之至也。

【注释】

①〔伐〕自夸。

②〔德〕自德，自以为对人有恩德。

【提要】

那些有德行的君子，付出辛劳却不自夸，取得成功而不居功自傲，这是至高美德的表现。而有些德薄之人，出了点滴之力，就到处吹嘘，招人厌弃。

◎第118条《周易·系辞上·第八章》

乱之所生也，则言语以为阶①。君不密则失臣②，臣不密则失身，幾事③不密则害成。是以君子慎密④而不出⑤也。

【注释】

①〔阶〕阶梯。引申指缘由、途径。孔颖达疏曰："阶，谓梯也。言乱之所生，则由言语以为乱之阶梯也。"

②〔君不密则失臣〕孔颖达疏曰："臣既尽忠，不避危难，为君谋事，君不慎密，乃彰露臣之所为，使在下闻之，众共嫉怒，害此臣而杀之，是失臣也。"

③〔幾（jī机）事〕机密的事。幾：也作"机（繁体为'機'）"。事物出现前或变化前的细微迹象。

④〔慎密〕谨慎保密。

⑤〔出〕这里指出格、出圈儿。

【提要】

"祸从口出，患从口入。"（孔颖达语）祸乱往往是由言语引发的。君主说话不谨慎就会毁掉忠心辅佐的大臣，臣子说话不谨慎就会灾殃及身，机密的事情不注意保密就会酿成祸害。所以，君子说话处事须谨慎保密，不出格，不出圈儿，不乱说乱做。

◎第119条《周易·系辞上·第八章》

慢藏诲盗①，冶容诲淫②。

【注释】

①〔慢藏诲（huì 汇）盗〕漫不经心地收藏保管财物，等于诱人前来盗窃。诲盗：教人盗窃。

②〔冶容诲淫〕女子修饰得很妖媚，等于教人淫乱。冶：形容女子装饰艳丽。

【提要】

这句话原有祸由自招的意思，包含着人们的生活经验和智慧。后常用"诲（huì 汇）淫诲盗"指引诱人去干盗窃、奸淫等坏事。

◎第120条《周易·系辞下·第二章》

《易》穷①则变，变则通②，通则久③，是以"自天祐之，吉无不利④"。

【注释】

①〔穷〕极，穷尽，达到极点。

②〔通〕通畅。

③〔久〕恒久，长久。

④〔自天祐之，吉无不利〕这两句话是《大有》卦的上九爻（yáo 摇）辞，意思是上天保佑，吉祥而无所不利。祐：同"佑"，保佑。

【提要】

此段之前，先举古圣先贤的事迹：伏羲（xī 希）氏、神农氏、黄帝、尧、舜通过改变前代的器用和制度，使百姓进取不懈；又在实践中神奇地变化它们，使百姓应用适宜。然后说明《易》理：穷极就要发生变化，变化就能畅通，畅通就可以长久地存在下去。正因为如此，便会有上天保佑，无往而不利。这说明变革创新自古有之，其功大矣。

◎第 121 条《周易·系辞下·第五章》

善不积不足以成名，恶不积不足以灭身。小人以小善为无益而弗为①也，以小恶为无伤而弗去②也，故恶积而不可掩③，罪大而不可解④。

【注释】
①〔弗为〕不（屑于）去做。
②〔去〕除掉，改掉。
③〔掩〕掩饰，掩盖。
④〔解〕解救。

【提要】

事物发展有一个由量变到质变的过程。以为小的善事无关大局而不屑于去做，那么，"一屋不扫，何以扫天下"？如何能够成就美名？而以为小的毛病无伤大体而不坚决改掉，那么，日积月累，渐成恶德，千里之堤难免溃于蚁穴（xué 学）。到时候，大错铸成，乃至恶贯满盈，掩盖不住，解救不了，岂不追悔莫及！

◎第 122 条《周易·系辞下·第五章》

君子安而不忘危，存而不忘亡，治而不忘乱，是以^①身安而国家可保也。

【注释】

①〔是以〕即"以是"。因此。

【提要】

安居高位而忘记危险，保守现状而放松警惕，自以为治理得宜，乐享天下太平，这样的当政者是没有政治头脑、目光短浅的。他们治理的国家难免因此而遭遇凶险乃至败亡。所以，头脑清醒的领导者应该安居而不忘倾危，生存而不忘灭亡，整治而不忘败乱。只有这样，才可以立于不败之地，而使国运常新。

◎第123条《周易·系辞下·第五章》

德薄而位尊，知^①小而谋大，力小而任重，鲜不及^②矣。

【注释】

①〔知（zhì 至）〕通"智"。
②〔鲜（xiǎn 显）不及〕很少不及于（祸患）。鲜：少。及：遭受（祸患、灾难等）。

【提要】

功德不厚却地位尊崇，智能低下却心高志大，力量微弱却身担重任，这样的人没有几个能不遭致祸害。这是孔子对德薄、智小、力弱者的忠告，更是对执政者能否选贤任能的警示。汉代王符在《潜（qián前）夫论·忠贵》中说："德不称（chèn衬）其任，其祸必酷；能不称其位，其殃必大。"谓选拔任用的官员必须德才兼备，二者缺一不可。

《尚书》20 条

◎第124条《尚书·虞书·大禹谟（mó 摩）》

任贤勿贰①，去邪②勿疑，疑谋勿成③，百志④惟熙⑤。

【注释】

①〔任贤勿贰〕专用贤才而不要兼用小人。南宋学者蔡沈（chén 沉）《书经集传》："任贤以小人间（jiàn 剑）之，谓之贰。"

②〔邪〕指奸邪之人。

③〔疑谋勿成〕用义理衡量似有不妥的计划或方案，就不要付诸实施。蔡沈《书经集传》："谋，图为也。有所图为，揆（kuí 魁）之于理而未安者，则不复成就之也。"

④〔百志〕百虑，所想做的各种事情。志：意愿。

⑤〔熙（xī 西）〕兴盛，兴起。

【提要】

当政者要专一任用贤良之才而不要兼用小人，罢黜（chù 触）奸邪之人不要犹豫不决，用道义衡量似有不妥的计划或方案，就不要付诸实施。这样，所想做的事情就会兴盛成功。

◎第125条《尚书·虞书·大禹谟》

罔①违道以干②百姓③之誉，罔咈④百姓以从⑤己之欲。

【注释】

①〔罔（wǎng 往）〕勿，不要。

②〔干（gān 甘）〕求取，谋取。

③〔百姓〕百官。

④〔咈（fú 福）〕违背，违逆。

⑤〔从（zòng 粽）〕通"纵"，放纵。

【提要】

拿原则做交易，牺牲国家利益向下属"买好"，就是"违道干（gān 甘）誉"的一种做法；而以权谋私，搞"一言堂"，正是违背属下的意志、放纵一己私欲的专断作风。

◎第126条《尚书·虞书·大禹谟》

德惟①善政②，政在养民。

【注释】

①〔惟〕是。

②〔善政〕即"使政善"，使政治清明。

【提要】

所谓有德，就是使政治清明；而实施清明的政治，就在于能养育民众。一语道破"德"的主旨和"政"的本质。

◎第127条《尚书·虞书·大禹谟》

宥过无大，刑故无小①。罪疑惟轻，功疑惟重②。

【注释】

①〔宥（yòu又）过无大，刑故无小〕一时过失，无论多大都可以宽恕；明知故犯，无论多小都要处以刑罚。宥过：宽恕别人的过失。宥，宽恕，原谅。无：无论。故：故意。

②〔罪疑惟轻，功疑惟重〕罪行轻重有可疑之处无法确定的应从轻判处，而功劳大小不能确认的则应从重奖赏。疑：有疑点，不能确定。

【提要】

区分过失犯罪和故意犯罪的做法，以及"罪疑惟轻"的原则，是保证公正执法、避免冤假错案的一个重要侧面。

◎第128条《尚书·虞书·大禹谟》
《尚书·商书·说（yuè月）命中》

汝惟不矜①，天下莫与汝争能；汝惟不伐，天下莫与汝争功。

有其善②，丧厥③善；矜其能，丧厥功。

【注释】

①〔矜（jīn今）〕自夸（贤能）。

②〔有其善〕自居其善，自夸己能己功。有：居，自认为……。

③〔厥（jué决）〕代词，其，他的。

【提要】

正因为你不自夸己能己功，所以天下没人与你争能争功；反之，自夸其善，自矜其能，结果只能是"丧善""丧功"。原因何在？其一，在中华民族的传统道德中，最忌居功自傲这种恶德。因为这样的人往往摆错自己的位置，夸大自己的力量，忽视或贬低上级、同人和民众的作用，故而必然脱离群众。其二，"满招损"。居功自傲者往往容易被一时的成绩冲昏头脑，忘乎所以，对形势做出错误的估计，最终给事业造成不可挽回的损失。

◎第129条《尚书·虞书·大禹谟》

无稽之言①勿听，弗询之谋②勿庸③。

【注释】

①〔无稽（jī 机）之言〕没有根据、无从查考的话。蔡沈："无稽者，不考于古。"稽：查考，查证。

②〔弗（fú 扶）询之谋〕没有征询过（其他）意见的计划或方案。蔡沈："弗询者，不咨于众。"询：征询。

③〔庸〕任用，采用。

【提要】

捕风捉影、无从查证的话不可听信，未经广泛征求意见、未做可行性研究的计划或方案不能采用，这是决策者或管理者所应具有的起码的政治素质。

◎第130条《尚书·虞书·大禹谟》

满招损①，谦受益，时乃天道②。

【注释】

①〔损〕损害，祸患。

②〔时（shì 士）乃天道〕这是天之常道。时：通"是"，这。

【提要】

自满招致祸害，谦逊得到好处，这是自然之理。这一点是所有的人时时刻刻不可忘记的。

◎第131条《尚书·虞书·皋陶（gāo yáo 高摇）谟》

知人则哲^①，能官人^②。

【注释】

①〔知人则哲〕能洞悉人的品行才能，就可称他为明智。知：了解，洞悉。哲：智，明智。

②〔官人〕给人官位，即任用官员。

【提要】

当政者必须善于任用官员，而善任的前提是"知人"。

◎第132条《尚书·虞书·皋陶谟》《尚书·周书·泰誓上》《尚书·周书·泰誓中》

天聪明^①，自^②我民聪明。天明畏^③，自我民明威。

天矜④于民，民之所欲，天必从⑤之。

天视自我民视，天听自我民听。

【注释】

①〔聪明〕视听。聪：耳听。明：目视。

②〔自〕来自。

③〔明畏〕同"明威"。明：彰显其善；威：威治其恶。即表彰好人，惩治恶人。

④〔矜（jīn 今）〕怜悯，同情。

⑤〔从〕顺从，听从。

【提要】

天意来自民意，民众的愿望，上天一定会顺从。这一观点是舜的掌管刑法的官皋陶首先提出来的，周武王讨伐商纣王时再次提出来，旨在反对商代迷信天命的绝对神权和滥用刑戮的严酷统治。"民之所欲，天必从之"一语，《国语》《左传》中都有引用。这一民本思想被孟子继承下来并加以发展，如他提出令封建帝王胆寒心惊的著名观点："民为贵，社稷次之，君为轻。"

◎第133条《尚书·夏书·五子之歌》

民可近①，不可下②。民惟③邦本，本固邦宁。

【注释】

①〔近〕亲近。

②〔下〕被轻贱，被认为卑贱低下。

③〔惟〕是。

【提要】

民众只可以亲近而不可以疏远，更不可以认为他们卑贱低下。民众是国家的根本，根本稳固了，国家才能安定。这种最早的"民本"思想，闪烁着历史唯物主义的熠（yì义）熠光辉。

◎第134条《尚书·夏书·胤（yìn印）征》

火炎昆冈①，玉石俱焚②。天吏逸德③，烈于猛火。

【注释】

①〔火炎昆冈〕大火焚烧昆仑山。炎：燃烧。昆冈：即昆仑山。《史记·李斯列传》中李斯的上书（即《谏

逐客书》）里"今陛下致昆山之玉"一句，张守节《正义》曰："昆冈在于阗（tián 田）国东北四百里，其冈出玉。"冈：山脊。

②〔玉石俱焚〕美玉和石头一齐烧毁了。比喻好的坏的一同毁掉。

③〔天吏逸德〕掌管天文历法的官吏出现过失。这里指夏王仲康当政时，主管天文历法的官员羲（xī 希）氏、和氏酗（xù 续）酒失职，废日乱时。逸德：失德。蔡沈《书经集传》："……羲、和之罪，当不止于废时乱日，是必聚不逞之人，崇饮私邑，以为乱党，助羿（yì 义）为恶者也。"

【提要】

重要部门的领导者或管理者如果渎职，则造成的危害会比烈火使玉石俱焚还要严重。

◎第135条《尚书·商书·仲虺（huǐ 悔）之诰（gào 告）》

用人惟己①，**改过不吝**②。

【注释】

①〔用人惟己〕采纳别人的意见就好像采用自己的意

见那样。用人：用人之言，采纳别人的意见。惟：如。

②〔改过不吝〕毫无保留地改正过错。吝：吝惜。

【提要】

《孔传》说："（商汤）用人之言，若自己出，有过则改，无所吝惜，所以能成王业。"对于领导者或管理者来说，"改过"比"用人"更不容易，因为"从谏如流"不光需要雅量，还要有甄（zhēn真）别决断的能力。

◎第136条《尚书·商书·仲虺之诰》

以义制事①，以礼制心②。

【注释】

①〔制事〕处理政事。

②〔制心〕约束人心。

【提要】

以道义为准则处理政事，以礼制为标准约束人心，体现了"以德治国"的思想。

◎第137条《尚书·商书·仲虺之诰》

能自得师者王^①，谓人莫己若^②者亡。好问则裕^③，自用^④则小^⑤。

【注释】

①〔王（wàng 望）〕动词，称王。古代指统治者以仁义取得天下，成为君主。

②〔莫己若〕即"莫若己"，没有人比得上自己。若：如，像，比得上。

③〔裕〕多，指知识渊博。

④〔自用〕自行其是，不接受别人的意见。

⑤〔小〕这里是相对于"裕"而言，指知识面窄，孤陋寡闻。

【提要】

能自觉地主动地以贤能为师、以民众为师者，小则可以使自己知识渊博，大则可以得天下；而傲视贤能、卑视民众，刚愎（bì 必）自用、唯我独尊者，轻则孤陋寡闻，重则难免自取灭亡。

◎第138条《尚书·商书·太甲中》

天作孽①，犹可违②；自作孽，不可逭③。

【注释】

①〔孽〕罪恶，灾祸。

②〔违〕离别，引申为避离。

③〔逭（huàn 换）〕逃避，避开。

【提要】

上天降下的灾祸还可以逃离得开，自己造成的罪孽则无法逃避惩罚。因此，人不可丢掉善良之心而做伤天害理之事，否则咎（jiù 旧）由自取，必有恶报。

◎第139条《尚书·周书·泰誓下》

树德务滋①，除恶务本。

【注释】

①〔滋〕增添，加多。

【提要】

树立美德，务求其不断滋长；铲除邪恶势力，务求挖掉其毒根。对于当政者来说，两者都是治本的举措。

◎第140条《尚书·周书·武成》

建官①惟贤，位事②惟能。

【注释】

①〔建官〕设置官职，选任官员。

②〔位事〕居官理事。位：居，指受任官职。

【提要】

选用德才兼备的干部，是任人唯贤的用人原则所决定的。选用一个好干部，就等于树立了一面旗帜。选任贤能之人，则贤能者进。

◎第141条《尚书·周书·旅獒（áo 熬）》

不矜细行①，终累②大德。为山九仞③，功亏一篑④。

【注释】

①〔不矜（jīn 今）细行〕不注重小节。矜：慎重。细行：小节，小事。

②〔累（lěi 垒）〕连累，牵连。

③〔仞（rèn 认）〕古时八尺或七尺叫作一仞。

④〔篑（kuì愧）〕盛土的筐子。

【提要】

这是西周开国大臣召（shào绍）公劝诫周武王的话。他以堆积九仞高的土山，只差一筐土也不能算大功告成为喻，希望武王能从小事做起，注重小节，以免损害了君主的大德。

◎第142条 《尚书·周书·君陈》

必有忍，其乃有济①；有容②，德乃大③。

【注释】

①〔其乃有济〕才能有成。其：表推测、揣测之词。乃：才。济：成。

②〔有容〕有所包容。

③〔大〕高尚。

【提要】

领导者或管理者一定要胸襟开阔，度量过人，"忍小忿以就大谋"；同时，对属下不能求全责备，要包容他们的小节之亏、无心之失。这样的领导者或管理者才称得上政治品质高尚。

◎第143条 《尚书·周书·毕命》

政贵有恒①，辞尚②体要，不惟③好异④。

【注释】

①〔恒〕常，持久。

②〔尚〕崇尚，提倡。

③〔惟〕思。

④〔好（hào 耗）异〕喜好标新立异。

【提要】

政治措施贵在有稳定性，不可朝令夕改；讲话、写文章要切合实际、简明扼要，力戒空话、官话、套话和标新立异、华而不实的长篇大论。

《诗经 》15 条

◎第144条《诗经·鄘(yōng拥)风·相(xiàng向)鼠》

相①鼠有皮,人而无仪②。人而无仪,不死何为?

【注释】

①〔相(xiàng向)〕观察。

②〔仪〕威仪。庄重严肃的容貌举止。

【提要】

这首诗以极其鄙(bǐ笔)视的口吻,直斥那些不懂礼仪、不知廉耻的达官显贵,认为他们连令人憎恶(zēng wù增务)的老鼠都不如。

◎第145条《诗经·卫风·淇(qí旗)奥(yù玉)》

有匪①君子,如切如磋,如琢如磨②。

【注释】

①〔有匪〕犹言"斐(fěi诽)斐"。指人物有文采,有才华。匪:通"斐",有文采。

②〔切、磋、琢（zhuó 啄）、磨〕器物加工的工艺名称。《尔雅·释器》："骨谓之切，象（象牙）谓之磋，玉谓之琢，石谓之磨。"郭璞注："皆治器之名也。"

【提要】

这是赞美春秋时卫武公的诗。卫武公在位时增修城垣（yuán 元），兴办牧业，善于纳谏，政通人和。年九十余，率兵驱逐犬戎，立周平王，晋爵为公。死后卫人感念他的恩德，赋《淇奥》来歌颂他。足见百姓对于有道德、有作为的当政者是不会忘怀的。其中"如切如磋，如琢如磨"两句为后世广为使用，一则比喻人在修养道德、研究学问上精益求精，再则比喻同窗、同人、同志和朋友之间在道德、学问方面互相研讨，切磋砥砺，共同进步。

◎第146条 《诗经·魏风·伐檀》

不稼不穑①，胡②取禾三百廛③兮？不狩④不猎，胡瞻尔庭有县貆⑤兮？彼君子兮，不素餐兮⑥！

【注释】

①〔不稼不穑（sè 色）〕指不从事农业劳动。稼：种植谷物。穑：收割。

②〔胡〕何，为什么。

③〔三百廛（chán 蝉）〕指三百家的税收。廛：古代一家之居所占的地亩。

④〔狩（shòu 受）〕打猎，特指冬天打猎。

⑤〔胡瞻尔庭有县貆（xuán huán 玄环）兮〕为什么看到你家庭院中挂着猎物猪獾（huān 欢）呢？县：同"悬"。貆：貉（hé 合），俗名猪獾。

⑥〔彼君子兮，不素餐兮〕那些君子大人哪，可不是吃白食的哟！君子：西周、春秋时对贵族的通称。这里指高高在上、不劳而获的奴隶主。素餐：吃白食，白吃饱。

【提要】

《伐檀》描述一群奴隶伐木造车，边干边唱的情景，表达了他们对不劳而获、坐享其成的奴隶主的强烈愤懑（mèn 闷）和控诉。两个反问句揭示了奴隶主残酷的剥削本质；而末句又用反讽的手法，给予剥削者以痛快淋漓的冷嘲热骂。

◎第147条 《诗经·魏风·硕鼠》

硕鼠①硕鼠，无食我黍。三岁贯女②，莫我肯顾③。逝将去女④，适⑤彼乐土。乐土乐土，爰得我所⑥。

【注释】

①〔硕（shuò 朔）鼠〕大老鼠。硕：大。

②〔三岁贯女（rǔ 辱）〕侍奉喂养你多年。三岁：多年。三，言其多，并非实指。贯：侍奉。女：通"汝"，你。

③〔莫我肯顾〕"莫肯顾我"的倒装。莫：不。顾：顾念，体贴。

④〔逝将去女（rǔ 辱）〕决心要离开你。逝：通"誓"。

⑤〔适〕往。

⑥〔爰（yuán 元）得我所〕（那"乐土"才）是我安居乐业的好去处。爰：相当于"是"。所：处所。一说，所：宜，应该（去的地方）。

【提要】

这首讽刺诗把残酷无情的剥削者比作贪婪（lán 兰）的大老鼠，喝令它们"不要抢我们的粮食吃"，强烈地表达了奴隶们捍卫劳动果实的正义要求，鲜明地表现了他们"逝将去女"的反抗意识，而对"乐土（朱熹："有道之国"）"的向往，则充满了他们追求美好生活的理想色彩。

◎第148条 《诗经·小雅·常棣（táng dì 唐弟）》

兄弟阋于墙①，外御其务②。每有良朋，烝③也无戎④。

【注释】

①〔阋（xì细）于墙〕在萧墙内（即家中）争吵。比喻内部纷争。阋：争吵，争斗，斗狠。于：在。墙：指萧墙，即照壁、影壁。

②〔务（wǔ午）〕通"侮（wǔ午）"，侮辱。

③〔烝（zhēng蒸）〕多。

④〔戎〕互助。

【提要】

"阋于墙"是在家里争吵，属内部矛盾；遇到外敌，共御其侮是大义。后两句"平时虽有好友，人多也不相助"，更反衬出兄弟之情的诚笃（dǔ堵）深厚。这首诗所彰显的团结御敌的思想，已成为中华民族的巨大精神武器。

◎第149条 《诗经·小雅·鹤鸣》

它山之石，可以为错①。
它山之石，可以攻玉②。

【注释】

①〔错〕磨刀石。

②〔攻玉〕将玉石琢磨成器。

【提要】

"它山之石，可以为错""可以攻玉"，意为别地别国的贤才可以成为本地本国的辅佐，外地外国的先进经验可以拿来为我所用。

◎第150条 《诗经·小雅·节南山》

君子如届①，俾②民心阕③；君子如夷④，恶怒是违⑤。

【注释】

①〔如届〕如能施行至诚之道。届：至。这里指至诚之道，即最好的政治措施。

②〔俾（bǐ 彼）〕使。

③〔阒（què却）〕止息。

④〔如夷〕如能施行平和简易之政。夷：平。

⑤〔违（wéi围）〕远离。

【提要】

贤能的官员如能施行至诚之道、平和简易之政，一定会使百姓心中的愤懑（mèn闷）平息，怨言怒气自然会消除。

◎第151条《诗经·小雅·小旻（mín民）》

不敢暴虎①，不敢冯河②。人知其一③，莫知其他④。战战兢兢⑤，如临深渊⑥，如履⑦薄冰。

【注释】

①〔暴虎〕空手和老虎搏斗。暴：徒手搏击。

②〔冯（píng平）河〕不用船而徒步渡河。引申为有勇无谋，冒险行动。冯：通"淜（píng平）"。东汉·许慎《说文解字》："淜，无舟渡河也。"清·段玉裁注："徒步曰冯河。……淜，正字。冯，假借字。"《论语·述而》："暴虎冯河，死而无悔者，吾不与（yǔ羽）也。"

③〔其一〕指前两句所说的"暴虎"和"冯河"的危险。

④〔其他〕指《小旻》诗中前几节所述奸人当道、国策失误的危险。

⑤〔战战兢兢〕提心吊胆、谨慎戒惧的样子。毛亨："战战，恐也；兢兢，戒也。"

⑥〔如临深渊〕好像来到深水潭边。临：面对，到……面前。

⑦〔履〕踩。

【提要】

《小旻》这首诗讽刺周幽王重用奸邪小人及其施政中的种种错误决策。这里所选为结尾一节，表现了诗人提心吊胆、临深履薄、唯恐遭祸的心情。"不敢暴虎，不敢冯河"和"如临深渊，如履薄冰"，后世多用为临事谨慎，不冒险，不蛮干，而善于运筹，多谋善断。

◎第152条《诗经·小雅·巧言》

君子信盗①，乱是用暴②。
盗言孔甘③，乱是用餤④。

【注释】

①〔盗〕谗佞（chán nìng 缠泞）之人，即惯于用谗言陷害人和用花言巧语讨好当权者的小人。

②〔乱是用暴〕祸乱因此更加严重。是用：即"用是"，因此。用，因，因为；是，此，这。暴：甚，严重。

③〔盗言孔甘〕谗佞之人说的话听起来很甜。孔：很，甚。甘：甜。

④〔餤（tán 谈）〕进食。引申为增多或加甚。

【提要】

作者告诫当政者莫用小人，别信谗言，否则，祸乱会因此而更加严重。

◎第153条《诗经·小雅·青蝇》

营营①青蝇，止于樊②。岂弟君子③，无信谗言。营营青蝇，止于榛④。谗人罔极⑤，构我二人⑥。

【注释】

①〔营营〕拟声词。苍蝇飞来飞去的声音。

②〔止于樊〕停在篱笆上。樊：篱笆。孔颖达疏曰：（青蝇）"此虫污白使黑，污黑使白，乃变乱白黑，不可近之。当去止于藩篱之上，无令在宫室之内也。"而谗佞之人，"变乱善恶，不可亲之。当弃于荒野之外，无令在朝廷之上也"。下文"止于榛（zhēn 真）"与此句大意相同。

③〔岂弟（kǎitì 凯替）君子〕这里应指周幽王。岂弟：通"恺悌（kǎitì 凯替）"。和乐平易。

④〔榛（zhēn 真）〕一种丛生的小灌木。

⑤〔罔（wǎng 往）极〕没有定准，变化无常。罔：无，没有。极：准则。

⑥〔构我二人〕挑拨加害你我二人。构：构陷，陷害。

【提要】

"《青蝇》，大夫（dà fū 肤）刺幽王也。"（毛亨）此诗以苍蝇比喻进谗小人，告诫君主不要听信谗言。苍蝇嗡嗡营营，淆乱黑白，追腐逐臭，驱去复还；"谗人"无良无德，出尔反尔，翻云覆雨，挑拨离间。两者类比，贴切传神。

◎第154条《诗经·大雅·旱麓（lù 路）》

鸢飞戾天①，鱼跃于渊。岂弟君子，遐不作人②？

【注释】

①〔鸢（yuān 冤）飞戾（lì 力）天〕老鹰能够一飞冲天。鸢：老鹰。戾：到达。

②〔遐（hé 合）不作人〕遐：通"何"。朱熹《诗集

传》："瑕、何古音相近通用。"作人：即"使人作"，使人发挥聪明才智，也就是培养造就新人的意思。

【提要】

天高任鸟飞，海阔凭鱼跃。贤明的君主为什么不（让有志者发挥自己的聪明才智，）赶紧培养造就新人呢?

◎第155条《诗经·大雅·思齐》

刑于寡妻①，至于兄弟，以御于家邦②。

【注释】

①〔刑于寡妻〕用礼法对待妻子。刑：礼法。这里用作动词，施行礼法。寡妻：嫡（dí 笛）妻，正妻。

②〔御于家邦〕御：统治，治理。家邦：家国。家，指家族。

【提要】

周文王将先人之德化为自己的言行，影响妻子、兄弟、家族，最终推行于天下。这种以家治来化导社会，从而达到国治的模式，应该是儒家"齐家治国平天下"理念的源头。

◎第156条 《诗经·大雅·民劳》

毋纵诡随①，以谨无良②。

【注释】

①〔毋纵诡随〕不要纵容诡诈放肆之人。纵：放纵，纵容。随：放肆，放任。

②〔以谨无良〕以使不良之徒不敢肆意妄为。谨：谨慎，守本分。这里是"使谨慎""使守本分"的意思。

【提要】

当政者严格执法，不纵容坏人，不良之徒才能有所收敛（liǎn 脸），社会才能安定和谐。

◎第157条 《诗经·大雅·荡》

靡不①有初，鲜克有终②。
殷鉴不远，在夏后之世③。

【注释】

①〔靡（mǐ 米）不〕无不。靡：无，没有。

②〔鲜（xiǎn 显）克有终〕很少能有"以善道自终者"。鲜：少。克：能。

③〔殷鉴不远，在夏后之世〕殷商的明镜并不遥远，就在桀做君主的夏朝。相应地，周朝的明镜也不遥远，就在纣王做君主的商朝。殷鉴：殷商的镜子。谓殷商的子孙应以夏的灭亡为镜子。鉴，镜子，后泛指可以作为借鉴的往事。夏后：夏朝君主。后，古代称君主。

【提要】

《荡》是一首咏史诗，借夏桀被商汤所灭（兼指商纣被周武王所灭）的历史教训来讽喻暴虐昏庸的周厉王。而所选这几句诗的普世意义在于，警示当政者应接受历史教训，修养德行，善始善终地施行仁政，巩固自己的政权。

◎第158条《诗经·大雅·抑》

白圭之玷①，尚可磨也；斯言之玷②，不可为③也。

【注释】

①〔白圭（guī 归）之玷（diàn 电）〕白玉上的斑点。白圭：古代王侯在举行重大仪式时所佩带的礼器，用白玉制成，上尖下方。

②〔斯言之玷〕这里喻指政治、教化方面的错误言论。斯：这。

③〔为（wéi维）〕治。这里指去除（它的影响）。

【提要】

这是一首政治讽刺诗中的句子。作者以形象的语句告诫当政者，"一言既出，驷马难追"，有关政治、教化方面的言论，必须谨慎不苟。

《礼记 》22 条

◎第159条 《礼记·曲礼上》

敖不可长①，欲不可从②，志不可满③，乐不可极④。

【注释】

①〔敖（ào 奥）不可长〕傲慢之心不可滋长。敖：通"傲"，傲慢。

②〔欲不可从（zòng 纵）〕私欲不可放纵。欲：私欲，贪欲。从：通"纵"，放纵。

③〔志不可满〕贪渎之心不可膨胀。志：心愿。

④〔乐不可极〕享乐不可过分。极：到极点。

【提要】

这里强调的是，对于心志的某些方面必须加以节制，否则，人就会唯我独尊，为非作歹，贪婪（lán 兰）无度，过分享乐。靠什么节制呢？这就是《礼记》所阐述的思想内容及其所制定的行为规范。

◎第160条 《礼记·曲礼上》

临财毋苟得①，临难②毋苟免③。

【注释】

①〔苟得〕孔颖达疏曰："财利，人之所念，非义而取，谓之苟得。"

②〔难（nàn 南去声）〕指国难。孔颖达疏曰："难，谓有寇仇谋害君父。"

③〔苟免〕苟且逃生而免于祸患。

【提要】

面对钱财，以义衡量，不该得到的不随便获取；国难当头，不能丧失气节，苟且逃生。"君子爱财，取之有道""不义之财不可取"，都是祖宗的忠告，须臾不可忘记；"时穷节乃见（xiàn 现）……生死安足论"（文天祥《正气歌》）和"苟利国家生死以，岂因祸福避趋之"（林则徐《赴戍登程口占示家人》），则生动地诠释了"临难毋苟免"的真谛。

◎第161条《礼记·曲礼上》

太上贵德①，其次务施报②。礼尚往来③。往而不来④，非礼也；来而不往，亦非礼也。

夫礼者，自卑而尊人⑤。虽负贩者⑥，必有尊也，而况⑦富贵乎？

【注释】

①〔太上贵德〕三皇五帝时代以德为贵。郑玄注："太上，帝皇之世，其民施而不惟报。"孔颖达疏曰："太上谓三皇五帝之世也。其时犹醇厚其德，不尚往来之礼。所贵者在于有德，故曰贵德也。德主务施其事，但施而不希其反（返）也。"

②〔其次务施报〕夏商周三代君王的时代注重施惠和回报之礼。郑玄注："三王之世，礼始兴焉。"孔颖达疏曰："其次，谓三王之世也。务，犹事也。三王之世，独亲其亲，独子其子，货力为己，施则望报，以为恒事，古云'务施报'。"

③〔礼尚往来〕礼注重有来有往。尚：尊崇，崇尚，注重。

④〔往而不来〕我去施恩而受惠者不来报答。

⑤〔自卑而尊人〕自我谦卑而尊重他人。

⑥〔负贩者〕挑担叫卖的小贩。这里泛指处于社会底层的平民百姓。

⑦〔况〕何况。

【提要】

"礼"的根本内涵是敬、让，讲究的是正常的往来之礼。这样的"礼"，是礼节，是礼数，是必不可少的相互尊重。抱着请托说情、拉帮结派的目的而往来，充斥着卑劣的私欲。这样的"礼"，是礼物，是贿赂，是对受礼者人格的侮辱与亵（xiè谢）渎。

◎第162条《礼记·檀弓上》

曾子①曰："……君子之爱人也以德，细人②之爱人也以姑息③。"

【注释】

①〔曾子〕见第3条注①。

②〔细人〕小人。指见识短浅的人。

③〔姑息〕无原则地迁就、宽容。

【提要】

君子爱人，是使所爱之人的德行臻（zhēn真）于完美，因此，他们如有缺点、错误，君子会直言不讳（huì惠）地指出来，并督劝他们弥补、改正。见识短浅的人爱人，是无原则地宽容、迁就他们的缺点、错误，其结果会害了所爱之人。

◎第163条《礼记·檀弓下》

苛政①猛于虎也。

【注释】

①〔苛政〕苛暴的政令。指反动统治者残酷地剥削、镇压人民的施政措施，如繁重的赋税、劳役和严刑峻法等。

【提要】

孔子从泰山旁路过，见一位妇人在坟前哭得很哀痛。孔子让子路去问她道："听你的哭声，好像有很伤心的事吧？"妇人说："是的。以前我的公公和丈夫都被老虎吃掉了，现在我的儿子又被老虎吃掉了。"孔子问道："那为什么不离开这里呢？"妇人回答："（这里）没有苛暴的政令。"孔子说："学生们要记住啊：苛暴的政令比老虎还要凶猛可怕！"这段逸事，从侧面揭露了统治者残酷压迫剥削人民的凶残面目。

◎第164条《礼记·礼运》

孔子曰："大道之行也，天下为公①，选贤与能②，讲信修睦③。"

【注释】

①〔大道之行也，天下为（wéi 维）公〕大道施行的时代，天下是民众公有的。大道：指政治上的最高理想。这里应指原始共产主义的准则。

②〔选贤与（jǔ 举）能〕选拔任用贤能的人。与（繁体为"與"），通"举（繁体为'舉'）"，选拔。一说，"与"仍读"yǔ 宇"，意通"举"，选拔。

③〔讲信修睦〕人与人之间讲究信用，和睦相处。修睦：调整相互间的关系，使之亲密和睦。修，整饬（chì 赤），调整。

【提要】

天下为公原指君位不为一家私有，后来成为一种美好的社会政治理想。清·孙希旦《礼记集解》："天下为公者，天子之位传贤而不传子也。"这可看作原始民主的理念、原始共产主义的准则。"选贤与能，讲信修睦"至今仍是治国的极佳主张。

◎第165条《礼记·学记》

玉不琢，不成器①；人不学，不知道②。

【注释】

①〔成器〕成为有用的器物。

②〔知道〕谓通晓天地之道，深明人世之理。知：了解，通晓。

【提要】

《学记》是世界教育史上第一篇教育学的专论。它总结概括了我国先秦时期丰富的教育思想和各种教育实践活动。"玉不琢，不成器；人不学，不知道"，说明学习对于人成才的重要性。而把人比作玉石，说明儒家认为人性本善，经过良好的教育（"琢"），人是可以发展成为有用之才（"成器"）的。南宋学者王应（yīng 映）麟编写《三字经》时，收入了这两句话（因须押韵，"道"改为"义"）。

◎第166条 《礼记·学记》

虽有嘉肴①，弗食不知其旨②也；虽有至道③，弗学不知其善也。

【注释】

①〔嘉肴（yáo 摇）〕宴席上美味的饭菜。

②〔旨〕味美。

③〔至道〕指最好的学说。至：极，最。

【提要】

即使有好饭好菜，不吃就不知道味美；即使有最好的学说，不学就不知道它的妙处。这两句话强调的是学习和实践的重要性。

◎第167条 《礼记·学记》

学，然后知不足；教，然后知困。知不足，然后能自反①也；知困，然后能自强也。故曰教学相长②也。

【注释】

①〔自反〕自我反省，回过头来要求自己。

②〔教学相长（zhǎng 掌）〕通过教学，学生学到知识和技能，得到进步，教师也得到提高。

【提要】

能知道自己的不足和困惑之处，是明智和谦虚的表现，而自我反省，不断增强自己的教学能力，则需要勇气和毅力。这段教育学的名句，千百年来激励着从事育人事业者不断地完善自我，诲（huì 汇）人不倦。

◎第168条 《礼记·学记》

凡学之道，严师为难①。师严然后道尊②，道尊然后民知敬学③。

【注释】

①〔严师为难（nán 南）〕尊敬老师是不容易做到的。郑玄注："严，尊敬也。"

②〔师严然后道尊〕老师受到尊敬，然后他们讲授的东西才能受到尊崇。

③〔敬学〕尊重教育。

【提要】

"师严然后道尊"，汉代经学家郑玄给这一条作注说："尊师重道焉，不使处臣位也。"意思是帝王也不能把老师当作臣子那样随意支使，可见古人对教师是多么尊崇。老师得到尊崇，真理和学问才被重视，百姓才知道尊重教育。

◎第169条 《礼记·杂记下》

张而不弛①，文、武②弗能也；弛而不张，文、武弗为也；一张一弛，文、武之道也。

①〔张、弛（chí 池）〕弓上弦叫张，卸弦叫弛。引申指弓弦拉紧和放松。这里喻指施政的严和宽、急和缓。

②〔文、武〕指周文王和周武王。他们是古人心目中理想的治国明君。

【提要】

弓弦只拉紧而不放松，即便是周文王和周武王（那样的明君）也做不到；只放松而不拉紧，文王和武王也不会那样做；一时拉紧一时放松，这才是文王和武王治理民众的办法。掌握辩证思维，发布政令、处理政事时善于调节，张弛有度，宽严结合，不走极端，这样才能体现出当政者的智慧和能力，才能把国家治理好。

◎第170条《礼记·坊记》

君子约言①，小人先言②。

【注释】

①〔约言〕少言，少说话。

②〔先言〕未行动而先说出去。

本句采用了"互文见义"的修辞方法（即上下文各有交错省却，而又相互补足，交互见义），意思应是"君子约言后言，小人繁言先言"。以言语和行动评价人的德行，孔子有很多论述，如"君子欲讷（音 nè，迟钝）于言而敏于行""先行其言，而后从之"等，均表现了有道德修养的人实事求是、谦虚稳重而不炫（xuàn 渲）耀的态度。这和那些说了不算、说到做不到、夸夸其谈、言过其实的浮薄"小人"形成鲜明对比。

◎第171条《礼记·坊记》

善则称人①，过则称己②，则民不争③。善则称人，过则称己，则怨益亡④。

【注释】

①〔善则称人〕有成绩就归功于别人。称：称道。

②〔过则称己〕有过失就自己承担责任。称己：这里是自我承担责任、归咎（jiù 旧）于自己的意思。称，声言，说。

③〔争〕争执。这里指争功诿（wěi 委）过。

④〔怨益亡（wú 吴）〕（别人的）怨恨就越来越少了。益：愈益，越来越……。亡：通"无"。

【提要】

《左传·庄公十一年》中有这样一段话：大禹和商汤治国出现失误就责罚自己，所以他们很快兴旺起来；夏桀和商纣治国出现过错却责罚别人，所以他们很快灭亡。这是为什么？诿过于人则人心不顺，必招民怨，难免丧国亡身；推功于众，则民心归服，万众拥戴，自然江山永固。

◎第172条 《礼记·表记》

君子不自大其事①，不自尚其功②。

【注释】

①〔自大其事〕自己夸大所做工作的难度、成绩及其影响等。

②〔尚其功〕加大自己的功绩。尚：超过，加。

【提要】

自大其事，自尚其功，无非想说明自己的做法比别人高明，自己的贡献比别人大，其目的则在于邀功扬名。由于摆不正自己的位置，妄自尊大，其结果，轻则脱离群众，重则身败名裂。

◎第173条《礼记·表记》

口惠而实不至①，怨灾及其身②。

【注释】

①〔口惠而实不至〕口头答应给人好处，实际上却没有做到。惠：恩惠，好处。

②〔怨灾及其身〕怨恨和灾祸就会落到"口惠"者自己的身上。及：到。这里指殃及。

【提要】

民心不可欺，民事不可缓。答应给老百姓办的事，一定要抓紧办，要件件落到实处。否则，失信于民，岂止是"怨灾及其身"，还会降低政府的公信度，甚至损毁政府的形象。

◎第174条《礼记·缁（zī资）衣》

君民者①，子以爱之②，则民亲之；信以结之③，则民不倍④；恭以莅⑤之，则民有孙心⑥。

【注释】

①〔君民者〕统治民众的人，即统治者、君主。君：主宰，统治。

②〔子以爱之〕即"以子爱之"，把民众当成自己的儿子那样爱护他们。

③〔信以结之〕即"以信结之"，用诚心、信义来结交他们。

④〔倍〕同"背"。背离，背叛。

⑤〔莅（lì立）〕临，面对。

⑥〔孙（xùn迅）心〕顺从的心。孙：通"逊"，顺从。

【提要】

对于百姓是用德、礼教育和规范他们，还是用政令、刑罚约束和整治他们，从先秦起就是儒家和法家争执的焦点。儒家从人性和民本的观点出发，主张以慈爱、诚信、恭敬的态度对待民众，以取得民众的拥戴。

◎第175条 《礼记·缁衣》

下之事上①也，不从其所令，从其所行②。上好是物③，下必有甚者④矣。上之所好恶⑤，不可不慎也，是民之表⑥也。

【注释】

①〔下之事上〕身份、地位在下的人侍奉身份、地位在上的人。下：下级，下属，身份、地位在下的人。事：服侍，侍奉。上：上级，上司，身份、地位在上的人。

②〔不从其所令，从其所行〕不是听从他的号令，而是效法他的所作所为。从：听从，跟从。

③〔好（hào 耗）是物〕喜爱这个东西，喜欢这个事。好：喜好，喜欢，喜爱。是：这，这个。

④〔必有甚者〕一定有（喜爱、喜欢得）更厉害的人。

⑤〔恶（wù 务）〕厌恶，讨厌。

⑥〔表〕表率。

【提要】

当政者是民众的表率。身教重于言教，当政者的一言一行，就是对民众无声的命令。所以，其言行、好恶（hào wù 耗务）绝不是个人的私事，而是关系到引导民众走什么路的大问题。

◎第176条 《礼记·缁衣》

小人溺于水^①，君子溺于口^②，大人^③溺于民，皆在其所亵^④也。

【注释】

①〔小人溺（nì逆）于水〕小民淹死在水中。小人：小民，百姓。溺：淹没在水里。

②〔君子溺于口〕卿大夫被自己这张不顾及利害、毫无遮拦的嘴"淹"死。

③〔大人〕这里指君主。

④〔亵（xiè谢）〕轻慢，不尊重。

【提要】

态度轻慢，没有敬畏之心，君主就会被自己的民众这个汪洋大海淹死。这不是危言耸听，而是被无数的史实所证明了的。所以，当权者必须以民为本，敬民爱民，而万万不可轻慢甚至虐害于民。

◎第177条 《礼记·缁衣》

心以^①体全，亦以体伤。君以民存，亦以民亡。

①〔以〕因；依靠。

【提要】

心脏靠身体得到保全，也因身体而受到损伤。国君靠人民生存，也会因人民而败亡。唐太宗说："君，舟也；民，水也。水能载（zài 在）舟，亦能覆舟。"讲的也是这个道理。《缁衣》的这句话，足令后世当权者深以为戒。

◎第178条《礼记·儒行》

儒有不宝金玉①，**而忠信以为宝**②；**不祈**③**土地，立义**④**以为土地；不祈多积，多文以为富**⑤。

【注释】

①〔宝金玉〕即"以金玉为宝"，把黄金、玉器当成珍宝。

②〔忠信以为宝〕即"以忠信为宝"，把忠实诚信当成珍宝。

③〔祈（qí 旗）〕对天地神明告求。

④〔立义〕奉行大义。

⑤〔多文以为富〕即"以多文为富",把学识渊博当成富有。

【提要】

《孟子·尽心下》:"诸侯之宝三:土地、人民、政事。宝珠玉者,殃必及身。"而要保住土地、养育人民、治理政事,就要以忠信、立义、多文的儒家之道为济世方略。儒家的这些修身标准,就是为济世救民、匡(kuāng 筐)扶天下而量(liàng 亮)身定做的。

◎第179条《礼记·儒行》

儒有可亲而不可劫①也,可近而不可迫②也,可杀而不可辱也。

【注释】

①〔劫〕威胁,威逼。

②〔迫〕胁迫。

【提要】

真正的儒者可亲可近,却不降志辱身。他们不惧怕威逼和胁迫,表现了刚强而坚毅的品格。这与孟子所推崇的"富贵不能淫,贫贱不能移,威武不能屈"的大丈夫形象何其相似！这几句话对各级领导者或管理者处理与当今儒者——知识分子的关系，是否有可借鉴之处呢？

◎第180条 《礼记·儒行》

儒有内称不辟亲①，外举不辟怨②，程功积事③，推贤④而进达之⑤。

【注释】

①〔内称不辟（bì 必）亲〕举荐人担任官职，不避弃本宗族内的贤良之士。称：推举，荐举。辟：通"避"，躲开，避弃。

②〔不辟怨〕不避弃仇人。

③〔程功积事〕衡量功绩和积累事迹。程：衡量，估量。事：事迹。

④〔推贤〕推荐贤才。

⑤〔进达之〕使他进身乃至达于朝廷。之：他，指被推荐的贤才。

【提要】

"外举不弃仇，内举不失亲"（《左传·襄公二十一年》）的忠臣，在我国历史上不胜枚举。如春秋时，晋国"南阳无令""国无尉"，晋平公问大夫祁黄羊谁可以担任这两个职务。祁黄羊推荐解狐担任南阳令、祁午担任"尉"。晋平公问：解狐不是你的仇人吗？祁午不是你的儿子吗？祁黄羊回答道：您问的是谁可以担任这两个职务，"非问臣之仇也""非问臣之子也"。解狐和祁午到任，均很称职，"国人称善焉"。孔子听说了这件事，感慨道："善哉，祁黄羊之论也！外举不避仇，内举不避子，祁黄羊可谓公矣。"（见《吕氏春秋·孟春纪·去私》）这种以国家利益为重、光明磊落的君子之风，广为后人所称道。

《左传 》20 条

◎第181条《左传·隐公元年》《左传·襄公四年》

多行不义，必自毙①。
多行无礼，必自及②也。

【注释】

①〔毙〕仆（pū扑）倒。指摔倒、失败。

②〔及〕指及于祸、及于罪，即遭祸、遇害。

【提要】

不符合道义、礼制的事做多了，必定犯众怒、失民心，那么，等待他的结果自然是"自毙"和"自及"了。

◎第182条《左传·隐公三年》

爱子，教之以义方①，弗纳于邪②。骄奢淫泆，
所自邪也③。

【注释】

①〔爱子，教之以义方〕爱自己的孩子，就要用做人的正道来教育他。以：用。义方：做人的正道，指为人处世应该遵守的规矩。

②〔弗纳于邪〕不要让他走到邪路上去。弗：不。纳：放进去。于：到。

③〔骄奢淫泆（yì 义），所自邪也〕骄横（hèng 恒去声）奢侈，荒淫放荡，是走上邪路的起因。泆：又作"逸"或"佚"，放纵，放荡。所自邪：即"邪之所自"，走上邪路的缘由。

【提要】

春秋时，卫国大夫石碏（què 却）曾经劝谏卫庄公不要宠爱儿子州吁。鲁隐公四年（公元前719年），卫庄公死，桓公即位。州吁与石碏之子石厚密谋杀害桓公并篡位。石碏大义灭亲，设计除掉了州吁与石厚。上面这段话就是当初石碏劝谏卫庄公时说的，历来被认为是教子箴（zhēn 珍）言。

◎第183条《左传·隐公六年》

为国家者①，见恶如农夫之务去草焉②，芟夷蕴崇③之，绝其本根，勿使能殖④，则善者信⑤矣。

【注释】

①〔为国家者〕治理国家的人，当政者。为：治理。

家：家族；卿大夫的采（cài蔡）地食邑。

②〔务去草焉〕一定要除去杂草。务：必须，务必。去：去除，除掉。

③〔芟（shān山）夷蕴（yùn运）崇〕铲尽削平之后再堆积起来。芟：割。夷：削平。蕴：积聚。崇：积聚。

④〔殖〕增殖，增长。

⑤〔信（shēn申）〕通"伸"，舒展，伸张。

【提要】

当政者对于黑恶势力，应该像农民对待杂草一样，不但一定要把它铲尽削平，还要"绝其本根，勿使能殖"。只有这样除恶务尽，才能使"善者信"，老百姓才能安居乐业。

◎第184条 《左传·桓公二年》

国家之败，由官邪①也。官之失德，宠赂章②也。

【注释】

①〔邪〕不正。

②〔章〕同"彰"，显明。

国家的衰败，是由于官吏不走正道。而官吏们道德的丧失，是因为受到君主的宠信而贿赂公行造成的。可见，打击行贿受贿等贪腐行为，培养官员的清廉作风，是使国家立于不败之地的重要保证。

◎第185条《左传·桓公十一年》

师克①在和不在众。

【注释】

①〔师克〕军队打胜仗。师：军队。克：战胜。

【提要】

军队打胜仗靠的是官兵一致，万众一心，而不是靠人多势众。周武王在统率各路诸侯讨伐商纣王的誓师大会上，讲了一段很经典的话："纣王拥有十万部众，竟有十万条心；我只有三千兵卒，却只有一条心。"武王伐纣之所以大获全胜，靠的就是万众一心；纣王兵多将广，最终却惨败而丧国亡身。这是"师克在和不在众"的最好注脚。

◎第186条《左传·庄公十年》

夫战，勇气也^①。一鼓作气^②，再而衰^③，三而竭^④。

【注释】

①〔夫（fú 扶）战，勇气也〕作战，靠的是勇气。夫：发语词，没有实在意义。

②〔一鼓作气〕第一次敲击战鼓时，士兵们勇气大振。鼓：用作动词，敲击战鼓。作：起。

③〔再而衰〕第二次（敲击战鼓）时，士气有所衰落。再：两次。

④〔三而竭〕第三次（敲击战鼓）时，士气已经完全没有了。竭：尽。

【提要】

古代作战，击鼓进军，擂第一通（tòng 痛）鼓时士气最盛。后多用"一鼓作气"来激励人们趁锐气正盛之时一举成事，或鼓足干劲，勇往直前。

◎第187条《左传·庄公二十四年》

俭，德之共^①也；侈，恶之大也。

【注释】

①〔共（hóng 红）〕通"洪"，大。

【提要】

节俭是美德之中的大德，奢侈是邪恶之中的大恶。古人对于节俭这种美德非常重视，将其看作保持自身廉洁和国家长治久安的重要因素。

◎第188条《左传·僖公二十五年》

信，国之宝也，民之所庇①也。

【注释】

①〔民之所庇（bì 必）〕（是）民众所赖以庇护的东西。庇：庇护，保护。

【提要】

诚信是国家的无价之宝，是立国的根本，是老百姓赖以生存和得到庇护的基础。孔子说："人而无信，不知其可也。"他要求弟子"敬事而信"，不欺骗愚弄百姓。唐朝诤（zhèng 正）臣魏徵（zhēng 征）说："德礼诚信，国之大纲。"（《贞观政要》）可见，"信"作为中华民族传统美德之一，历来受到肯定和提倡。

◎第189条 《左传·僖公三十三年》

一日纵敌①，数世②之患也。

【注释】

①〔纵敌〕放走敌人。

②〔数世〕几代，几辈子。世：三十年为一世。另，改朝换代建立新王朝也称一世。

【提要】

从战役、战术上讲，有时要注意"穷寇勿迫"；但从战略上讲，穷寇必迫，除恶务尽。

◎第190条 《左传·僖公三十三年》

不以一眚掩大德①。

【注释】

①〔不以一眚（shěng 省）掩大德〕不因为人的一次过错而抹杀他的大功绩。以：因。眚：过失，错误。掩：遮蔽，遮盖，抹杀。

【提要】

春秋时，在秦晋殽（yáo 尧，又读xiáo 淆）之战中，秦军大败。秦穆公在迎接被晋国释放回来的败将时，主动承担罪责，哭着说："这是我的过错，你们有什么罪！我不能因为这一次失利而抹杀你们以往的大功绩。"作为一国之君，能以这样的心态和胸怀对待下属，确实难能可贵。

◎第191条《左传·文公五年》

华而不实①，怨之所聚②也。

【注释】

①〔华而不实〕只开花不结果。比喻外表好看，内容空虚。华：古通"花"，读huā，开花。实：果实，这里指结（jiē街）果。

②〔怨之所聚〕是怨恨聚集之地。

【提要】

华而不实不仅惹人嘲笑，遭人鄙（bǐ笔）视，而且是"怨之所聚"。对于这一点，领导者或管理者尤须注意。

◎第192条《左传·文公十七年》

畏首畏尾①，身其余几？

【注释】

①〔畏首畏尾〕原是对春秋时期郑国北面怕晋国、南面怕楚国的比喻之辞。现指怕这怕那、疑虑重重的样子。比喻做事胆子小，顾虑多。

【提要】

首也怕，尾也怕，那剩下来的身子还有多少？这样一个比喻用反讽的语气道出，实在分量不轻。那些在危急关头不能当机立断、挺身而出，而是恐惧畏缩、犹犹豫豫，结果坐失良机、断送大局的人，应当引以为戒。

◎第193条《左传·宣公二年》

人谁无过？过①而能改，善莫大焉②。

【注释】

①〔过〕动词，有了过错，犯了错误。

②〔善莫大焉〕没有比这更大的善行了。焉：于此，比这个。

【提要】

　　过错人人都有，不必大惊小怪，更不该文过饰非。有了过错能及时改正，这是再好不过的善行了。"子路，人告之以有过则喜""禹闻善言则拜"……古代大圣大贤为我们做出榜样，我们今人难道不该闻过则喜、知过必改而不断完善自己吗？

◎第194条《左传·成公十三年》

礼，身之干①也；敬，身之基②也。

【注释】

① 〔干（gàn 赣）〕躯干。

② 〔基〕建筑物的根脚。引申指事物的根本。

【提要】

　　古人认为礼如同人的躯干，不懂礼就不成其为人。敬，指认真严谨地做事，是一个人立身于社会的根本。孔子肯定他的弟子冉雍所说"居敬而行简，以临其民（以严肃的态度、简约的办法治理百姓）"（《论语·雍也》），说明古圣先贤对严肃认真地做人做事是十分重视的。

◎第 195 条《左传·襄公十年》

众怒难犯①，专欲②难成。
专欲无成，犯众兴祸③。

【注释】

①〔犯〕触犯，冒犯。

②〔专欲〕专权独断的私欲。

③〔兴祸〕引发祸端。

【提要】

众人的怒气难以冒犯，专权独断的私欲难以实现。对于领导者或管理者来说，压制下属和群众、独断专行都会引发祸端；必须坚持民主，集思广益，时时处处维护下属和民众的根本利益。

◎第 196 条《左传·襄公十一年》

《书》曰："居安思危。"思则有备，有备无患。

【提要】

这是晋国大夫魏绛（jiàng 酱）援引《尚书》的文句来规劝晋悼公的一段话，意思是：" '处于安定的环境中，要想到可能发生的危险。'想到了就应有所防备，有了防备才能没有祸患。""居安思危"不是杞（qǐ起）人忧天，而是在复杂多变的国际形势下，基于国家长远发展、社会长治久安所应具备的忧患意识。

◎第197条《左传·襄公二十六年》

善为国者，赏不僭而刑不滥①。赏僭则惧及淫人②，刑滥则惧及善人。

【注释】

①〔赏不僭（jiàn见）而刑不滥〕奖赏不过头，刑罚不滥用。僭：僭越，过分，过头。

②〔惧及淫人〕恐怕赏给淫邪之人。

【提要】

善于理政的领导者，必须坚持以法治国，不能以言代法；执法要严明，赏罚要得当。只有这样，才能劝善惩（chéng成）恶，民心归服。

◎第 198 条《左传・昭公元年》

临患不忘国，忠也；思难不越官^①，信也；图国忘死，贞也。

【注释】

①〔越官〕放弃职守。越：失坠，坠落。这里是放弃、丢弃的意思。

【提要】

面临祸患能够不忘国家，这是忠心；想到危难而能坚守岗位，不放弃职守，这是诚信；为了国家利益而舍生忘死，这是坚贞。这种爱国主义的情操，千百年来影响着无数志士仁人。他们捐躯赴难，视死如归，不愧为中华民族的脊梁。

◎第 199 条《左传・昭公七年》

政不可不慎也。务三而已^①：一曰择人，二曰因^②民，三曰从时。

【注释】

①〔务三而已〕致力于三个方面就行了。

②〔因〕依靠。

【提要】

当政者要想处理好政事，必须做到三条：第一，任人唯贤，选拔德才兼备的优秀官员；第二，紧紧地依靠民众；第三，顺从天时，不做违背自然规律的蠢事。

◎第200条 《左传·昭公二十五年》

众怒不可蓄也，蓄而弗治①将蕴。蕴蓄，民将生心②；生心，同求将合③。

【注释】

①〔弗治〕指不做处理，不做化解工作。

②〔生心〕产生逆反之心、叛离之心。

③〔同求将合〕有同样诉求的人将要联合起来。求：要求，诉求。

【提要】

这段话应是对第195条"众怒难犯"和"犯众兴祸"的更细致的解释。众怒蕴蓄→生心→同求将合；再往下发展，自然是"兴祸"无疑了。

后记

○张圣洁

经过一年的努力，数易其稿的《四书五经语录》终于付梓了。作为主编，我有不少心里话想对读者说一说。

首先，我就《四书五经语录》的编纂缘起做一个简单介绍，并代表我的编写团队，向组织编纂这本语录的中华文化促进会表示由衷的感谢。

去年9月，我应邀到中华文化促进会开会。文促会副主席王石、于广华、金坚范和秘书长张玉文同志谈到，习近平同志2009年春在中央党校一次开学典礼上，专门谈到领导干部的读书学习问题，其中强调"读优秀传统文化书籍，是一种以一当十、含金量高的文化阅读"。随后，他在中南海勤政殿接见文促会主席高占祥同志，提出希望文促会能编纂一些好的读本。

高占祥和王石同志分析了当今社会各界特别是领导干部的读书学习现状及执政水平，提出首先从中华传统文化的主流思想入手，从儒家的"四书"和"五经"中精选片段，编辑《四书五经语录》二百条，作为社会各界特别是领导干部了解中华优秀传统文化的入门书。由于2012年4月，文促会曾在人民大会堂为我主编的《蒙学十三经》主持新书发布会，其间对我的治学态度有所了解，所以主编这本语录的任务，交由我来完成。

　　我虽知力难胜任，但作为文促会的老会员，却又深感义不容辞，于是，毅然受命，很快组织队伍，投入编写工作。11月份，初稿四百条选注完成。王石和张玉文同志审稿后，提出具体意见，要求增加简明扼要的"提要"，精选二百条，备选一百条，送高占祥同志审定。随后，我们又做了大刀阔斧的删简，逐条补写了提要，于今年年初完成了送审稿。

　　让我们非常感动的是，年近八旬、卧病住院的高占祥同志，在病情不稳甚至发烧的情况下，对送审稿逐字逐句逐条地仔细审阅，然后提出十条详细的书面意见。这些意见，高屋建瓴，十分中肯，相当具体，对保证编选工作的正确方向，提高编选的科学性，起到重要的指导作用。我们根据高占祥同志的意见，做了较大的调整，增删换改了一些选条，加强了提要的准确性和针对性。3月，最后编成的《四书五经语录》二百条"试读本"，质量提高不少。

紧接着是由文促会安排的"试读本"宣讲和征求意见活动。我先后在河北滦南县、江苏南通市、陕西西安市和浙江杭州市做了四场宣讲，受到四地干部群众的热情欢迎。他们开展多种形式的试读活动，并对"试读本"提出许多宝贵的修改意见。与此同时，文促会还邀请国内传统文化方面的著名专家和学者钱逊、刘景禄、赵士林、李汉秋、郭齐勇、孙劲松、郭永军、李祥熙等审读"试读本"。这些博学硕彦，对"试读本"给予了肯定的评价，同时从选条、注释、提要到编写模式、内容次序、开本等，都提出很多颇有分量的意见和建议。可以说，没有四地广大干部群众和专家学者这些诤友和老师的倾心相助、直言批评，"试读本"中存在的不少瑕疵乃至"硬伤"是不太容易得到纠正的。

试读活动于5月14日结束，此后进入集中修改阶段。我们在文促会驻会副秘书长、书刊编辑部主任林争同志的具体帮助下，又进行了三轮修改工作。林争同志只争朝夕的工作精神，"拼命三郎"式的工作作风以及高标准、严要求，精益求精的工作态度，令我们丝毫不忍马虎和懈怠。书刊编辑部的曹文霆、贾帅同志热情相助，全力配合，使修改本得以提前保质保量完成。

作为学者，多年来我们习惯于埋头书斋，钻故纸堆，单枪匹马搞研究，这样尽管可以享受思想自由驰骋的快意，但往往难免陷于一隅之见。而此次编选工作，上有文促会领导的"仙人指路"，下有广大干部的"众星捧月"，外有硕学通儒的"指点迷津"，内有书刊编辑部的鼎力相助，使我们深刻地体会到"天外有天"这句成语的分量，尝到开门编书、集思广益的甜头。从这个意义上讲，这本《语录》就是集体创作的成果，而这编书过程则是使我们大开眼界、广交朋友、思想水平和学术水平大提高的过程。

其次，我想就这本语录的编纂构思、编选方法及编写特点，做一简要说明。

（一）选择语录体。这基于两点考虑：一是"四书""五经"原文文字多而艰深，而许多读者尤其是领导干部工作繁忙，应酬多，时间呈"碎片化"，且文言文基础差，不可能沉得下心，坐得下来，捧着这些厚重的鸿篇巨制读下去。而选择语录体，不拘地点，不限时间，见缝插针，抓个三五分钟就可以读上一两段；而各条语录之间没有内容上的紧密联系，一条一义，不必顾虑没有连续阅读造成理解上的支离破碎。二是语录体的典籍古已有之，如《论语》、南宋朱熹《朱子语类》、明朝王阳明《传习录》均是。语录体便于携带，便于记诵，便于引述，也便于学以致用。

（二）注重选条的全面性、科学性，兼顾其借鉴意义。选编这本语录，意在使广大读者和各级领导干部全面了解中华传统文化的主流——儒家文化的整体面貌，理解其精髓，从而掌握传统文化的本质；同时，广泛吸收其营养，全面提高自己的文化素养、道德水平，增长处世智慧和执政能力。因此，在选择条目时，注意选取那些最能体现儒家政治主张、思想体系的篇章，又侧重选编体现儒家修身处世智慧、治国理政经验的段落，以供借鉴。

所选段落以各经为单元编排，大体以文段的先后为序，但考虑到同一经内选条内容的一致性或相关性，我们对选条的排序做了微调。如《易经》中，将分属乾卦和坤卦的"天行健，君子以自强不息"和"地势坤，君子以厚德载物"两条合为一条（第101条）。又，将有关当政者先正己而后正人的三段论述并为一条（第35条），从而加重了论述的分量。

（三）设置"提要"一栏。提要的内容及写法不拘一格，有的是对选条某些文句的串讲（如第81条和第96条），有的是对选条微言大义的挖掘（如第13条和第17条），有的是对重要选条之意义的阐述（如第41条和第54条），有的则是为选条补充必要的背景材料或一些生动的例证（如第163条和第180条）。

（四）根据国学注重诵读的特点，为了帮助广大读者扫除诵读障碍并准确理解文意，我们在注释和提要中对原文的下列情况做了加注汉语拼音并附直音（同音字）的技术处理。

（1）"硠、阋、誉、顜、镃、遣、魑"等在现代汉语中难得一见的生僻字、繁难字。

（2）容易误读的多音字及与习见读音不同的字，如"鲜（xiǎn显）不及""德不称（chèn衬）""其臭（xiù秀）如兰"等。

（3）姓氏、人名、书名、篇名等特殊读音，如"召（shào绍）公""皋陶（yáo摇）""《论（lún仑）

语》"和"《小雅·常棣（táng dì 唐弟）》"等。

鉴于当今汉字读音比较混乱的状况，我们从人性化的角度考虑，标音不避重复。全书二百五六十页，仅标注汉语拼音就有三百五六十个次。

（五）对选条做了简明注释；同时，对文言文中特殊的语法现象予以提示，如指出古今字、通假字的对应关系。例：

（1）"诲女知之乎"。女：通"汝"。

（2）"拂士"。拂：通"弼"。

（3）"众星共之"。共："拱"的本字，环抱，环绕。"俭，德之共也"。共：通"洪"，大。

在本书编写过程中，我们参考了宋·朱熹《四书集注》、中华书局《十三经注疏》和上海古籍出版社《十三经译注》，以及时下不少优秀选本，吸收了杨伯峻、金良年、徐志刚、程俊英、黄寿祺、张善文、李民、王健、杨天宇、李梦生等专家学者的研究成果，在此，谨致诚挚的谢意！

《四书五经语录》即将面世，我们一则以喜，一则以惧。喜的是，这本小册子或许能为提高读者特别是领导干部的人格修养，增长处世智慧和执政水平尽些绵薄之力；惧的是，书中仍难免存在阙漏纰缪之处。因此，我们敬祈各位方家和广大读者不吝赐教，以便本书在修订版中予以补正。

2013年8月8日

修订本后记

○张圣洁

　　2012年，由中华文化促进会主持，我们编纂了《四书五经语录》。该书2013年问世后，得到普遍好评，同时，广大读者也提出一些中肯的修改意见。我们全体编注人员在这几年的著书和交流心得的过程中，也有一些新的感悟。此次修订，我们综合上述情况，主要做了四处改动：

　　（一）第32条注②〔我独亡（wú吴）〕，补注"司马牛有兄弟四人"，其兄桓魋在宋国作乱，"司马牛的几个兄弟参与其中，失败而死，桓魋逃亡"。这样，司马牛感叹"人皆有兄弟，我独亡"的背景就更清楚了。

　　（二）第41条《论语·卫灵公第十五》，关于"己所不欲，勿施于人"这句话的国际影响，我们增补了19

世纪德国著名哲学家路德维希·费尔巴哈长达近二百字的评价。

（三）第75条《孟子·离娄上》："人之患在好为人师。""提要"原为"孟子指出，人的毛病在于喜欢做别人的老师"。今根据王亚明先生的意见改为："孟子指出，一些人的毛病在于自以为是，时时处处总想卖弄学问，指手画脚，硬充别人的老师。这种人与学高为师、身正为范的真正的老师有天壤之别。"我们认为，这样一改更符合孟子的原意，表述得更为清楚。

（四）第81条《孟子·尽心上》"仁言①不如仁声②之入人深也"，原注①〔仁言〕"仁厚的言语"，今改为"仁德教化的言论"。将原注 ②〔仁声〕正说"仁德的声望"移为一说（另一种说法），而将原一说"具有教化作用，能使风俗变得淳厚的音乐或乐声，如古代乐曲《雅》《颂》的演奏声"移为正说。"提要"中"仁厚的言语不如仁德的声望那样深入人心"一句，相应地改为"仁德教化的言论不如具有教化作用的淳美的音乐那样深入人心"。

（五）第85条注③对〔亲（xīn 心）民〕的解释，原仅谈到朱熹"亲民"即"新民"的说法；修订本增补了明朝哲学家王阳明的不同看法："亲"仍读qīn，意为亲近、亲爱；"亲民"取"政在亲民"之意。

另外，对个别选条的注释内容和"提要"中的拼音，略作增删修改，兹不一一标明。

此次修订，我们还增大了开本，封面和版式设计仍由文促会常务副秘书长兼书刊编辑部主任、版画家林争先生担纲。将原诵读光盘改为二维码扫读，原男声独诵改为男、女声共读，诚请文促会驻会副主席兼秘书长、资深主持人张玉文先生和北京市朝阳区广播电视新闻中心主任编辑、资深播音员马耘女士为选条原文和"提要"内容做了诵读配音。如此，更便于读者掌握正确的读音，加深对原文的理解，增加学习兴趣。此外，我们还编制了选条分段诵读目录，以方便读者随机查找诵读内容。

此次修订后，仍祈广大读者不吝赐教，以使本书质量更上层楼！

2018年9月9日

责任编辑：闫　妮
装帧设计：林　争

图书在版编目（CIP）数据

四书五经语录 / 中华文化促进会主持编纂. ——北京：
人民出版社，2019
ISBN 978-7-01-020524-3

Ⅰ.①四… Ⅱ.①中… Ⅲ.①四书 – 名句 – 通俗读物
②五经 – 名句 – 通俗读物　Ⅳ.①B222.1-49 ②Z126.1-49

中国版本图书馆CIP数据核字（2019）第 047010 号

四书五经语录
SISHUWUJING YULU
中华文化促进会 主持编纂

人民出版社 出版发行

（100706　北京市东城区隆福寺街 99 号）

北京汇林印务有限公司印刷　新华书店经销

2019年4月第1版　2019年4月第1次印刷

开本：880毫米×1230毫米　1/32　印张：6.625　字数：105 千字

书号：ISBN 978-7-01-020524-3　定价：36.00 元

邮购地址：100706　北京市东城区隆福寺街 99 号
人民东方图书销售中心　电话（010）65250042　65289539